普通にやるだけやんか

オリを破った虎

岡田彰布

Gakken

はじめに

京都の冬は底冷えする。雪こそ降っていないけど、なあ……。２０２３年12月。京都の後援会「メンバーズ・80岡田会」が日本一祝勝会を開いてくれた。

オフの公式行事もほぼ、これで終わりやなあ。しんどいとは全然、思わんかった。そら疲れもあるけど、優勝したから、日本一になったからこそ、周りがみんな喜んでくれる。

日本一の胴上げから大阪、神戸での優勝パレード、各地での祝勝会、そして優勝報告会、表彰式。どこでも笑顔、笑顔のうれしくてありがたい忙しさ、なんよなあ。

「なんか、簡単に優勝してしもうたなあ」

祇園のバーからの帰り道。夜の闇を走る車の中からは、年の瀬を迎えた古都の慌ただしさが見える。ふうと息を吐いて、思わず独り言が出てしもうた。タクシーの後ろの席。隣にはデイリースポーツの改発博明さんが座っていた。

「ほんまは簡単ではないよなあ。ずっと優勝できんかったんやから、優勝が簡単なはずはない。阪神監督で2006年から3年間、オリックス監督で2010年からの3年間、優勝できなかった……。〝オリの中の虎〟が今年やっと、オリを破って日本一になった。〝虎がオリを破る日〟を迎えたということやで」

改発さんがおれの独り言に答えた。2人だけにしか分からない会話。それでも2023年の優勝は、終わってみると自分では「簡単に」と感じた。不思議な思いになる。

もちろん周りから「簡単に」と言われたら、ちょっと待ってくれよ、と腹が立つけどな。阪神は18年間優勝できなかった。日本一は38年ぶり。それをおれが今回監督をしたら、1年で優勝、そして日本一やからなあ。自分では「簡単に」としか表現のしようがないわ。

本書のベースとなった『オリの中の虎』は、2009年11月にベースボール・マガジン社から出版された。「愛するタイガースへ最後に吼える」と副題を付けている。帯にはご丁寧なことに「阪神に勝つ！」とまである。

今読み返すと不思議な感じやけど、出版するときには本当にそう思っていた。2004年から2008年までの阪神監督、2009年は野球評論家としてデイリースポーツでお世話になった。

2009年、夏場やったと思う。ゴルフの途中で携帯が鳴った。オリックスの球団幹部から「会いたい」という連絡。用件は見当が付く。

そのときも一緒にラウンドしていた改発さんは、当時はデイリーの編集局長やったかな。「ユニホーム着るチャンスは逃したらあかんと思う」と言われた。

そんなタイミングで自分の思いをすべて『オリの中の虎』に本音で書き残した。執筆、編集は改発さんの手を借りた。

「岡田野球の神髄、岡田さんの生き様。すべての岡田本の中で『オリの中の虎』が秀逸です。岡田節の味も含めて傑作です」というようなありがたい評価を、あるスポーツライターからいただいた。

何より『オリの中の虎』が実は今回、おれが阪神の監督になるために大きな役割を果たしている。細かないきさつは本編で書き記していく。もし『オリの中の虎』がなかったら、二度目の「阪神監督・岡田彰布」は誕生していなかったかもしれない。そうであれば優勝も、日本一も阪神の歴史はどうなっていたのかは、誰にも分からない。

オリの中の虎が「オリを破った虎」になった。オリは言うまでもなく「オリックス」と「檻」をかけている。虎は「タイガース」のことよな。その後、デイリーの社長もしていた改発さんとは同じ1957年生まれ。トラ番記者として40年以上の付き合いになる。

ハワイへの優勝旅行では息子の陽集《ようしゅう》家族、孫らと一緒に過ごした。年末年始は嫁さん(陽子さん)と2人で、日本人のあまりいないオーストラリアの田舎に行った。少しはゆっくりする時間も作れた。

そんななか、『オリの中の虎』を、日本一になった阪神タイガースの監督として、自分の目で読み返した。

本書では『オリの中の虎』を一部引用しながら、新たな読み物として現在の岡田彰布の素顔、阪神監督としての野球観をすべて語り尽くしてみようと思う。ベースボール・マガジン社の快諾を得て、Ｇａｋｋｅｎから出版する。編集協力は改発さんにお願いした。

阪神ファンだけでなくオリックスファンにも読んでもらいたい。『オリの中の虎』からの引用部分は、正確を期すために当時の肩書、氏名をそのまま使わせていただいた。すべての野球ファン、そして12球団の関係者、選手に感謝の思いを込めて……。

２０２４年シーズンを迎える阪神タイガース監督・岡田彰布の真実を伝えたい。「アレ」は２０２３年で終わり。２０２４年のキャッチフレーズは「A.R.E. GOES ON」で球団初の連覇を目指します。

岡田彰布

第二章

岡田の法則 最新版

オリックスとの不思議な因縁／不完全燃焼からの再出発

普通にやるだけやんか／ファインプレーに見えないのがファインプレー

評価を変えれば、意識もチームも変わる／できることをやれ できないことをするな

「代打アレ」は、ダレ？／唯一無二の平田ヘッドの存在

パインアメ？ よう知らんわ／「お疲れナマ」も、ええやん

二軍にも足を運ぶ／「そらそうよ」とは言わん

「おーん」と書かれても、そのまま／評論家時代に鍛えられたしゃべりのコツ

動くが負け／予言には根拠がある

グータッチより強いパータッチ／最後は人柄で選んだ最強の八番打者

出身校、出身地、家族も把握する／人脈は全国にあるよ

「最高でーす」禁止令／〝日本一〟の胴上げ

第三章

「道一筋」から「球道一筋」へ

監督専用席があるお好み焼き屋／岡山はカレイの塩焼き
一卵性親子と言われて／吉田監督の采配に学ぶ
オカ、なんでキャッチャーやっとんや／4位くらいがちょうどええ
相撲取りともよう飲んだ／馬場さんのゴルフクラブ
ブランコに乗って作戦考えた／心より技よりも「体」
岡田はバントが嫌い？／野村さんとは野球観が違った
大切なのは「引き出し」をたくさん持つこと／脳を使えば、頭が大きくなる
エースと四番は「作るしかない」／やかましい闘争心、静かな闘争心
仰木さんとの約束／ファンの力でヒット打てた？　そんなんうそや
前回と違って思い切ってチームを変えられた

第四章

虎よ、猛虎よ

163

涙よりも出たのは感謝の言葉／おれは何も変わってないよ

嫁さんも文章書いとった／プロ一年目で思った「なんで阪神は優勝できんのやろ」
ビール飲めと島岡御大に言われた／ボタン1個でイレギュラー
忘れられない「おはなはん」との思い出／飲み屋での予告ホームラン
野球ではなく亀で感動した／カラオケ勝負にも作戦あり
おれがいたら三浦は阪神に来ていたかも？／辞めて気が付いた命懸けだった日々
「あこがれのプロ野球」になっているか／そらプロ野球は現場よ
サムライは黙して語らず／大臣になるより難しい阪神の監督
2023年、再び阪神監督に／すべて分かったうえで引き受けた
決め手は『オリの中の虎』／2024年、選手へのメッセージ
何を目指して指揮を執るのか／誰もやっていない「連覇」
もっと野球バカになれ／出てくる選手はチャンスを逃さない
阪神はまだまだ強くなる

＊本書はベースボール・マガジン社より2009年に刊行された新書『オリの中の虎　愛するタイガースへ最後に吼える』を大幅に増補・改訂、改題の上、書籍化したものです。

第一章

もう「アレ」とは言わない

優勝は簡単やないよ

「はじめに」にも書いたが、「簡単に優勝してしもうた」と車の中で独り言を漏らした。そう言えば始まりも京都やった。２０２３年の１月。京都岡田会の激励会。おれは挨拶でこう言った。

「簡単に、優勝しますとはよう言いません」

この場合の「簡単に」は「優勝」ではなく「言う」にかかっている。優勝が簡単かどうかではなく、優勝するとは簡単にはよう言いませんという気持ちやった。

そらそうやろ。18年間も、阪神は優勝してないんやで。日本一なんて38年やん。そら優勝することも、優勝しますと言うのも、どっちも簡単ではないわなあ。

「監督が代わったからというて、1年目から優勝なんてできるかいな」というのが本音やった。このときはまだ「優勝」って言うとるなあ。

２０２２年の10月に監督就任の記者会見をした。まだ普通に優勝と言うてた。考えてみると年が明けて、この京都岡田会くらいから「アレ」とか言い始めたような気がする。自分がそう表現したというより、周りが「優勝ではなくアレ」とか言い始めたんよな。

まあそれでええかと、みんなが面白がるままにしといた。最初のころは監督が「優勝」と言わずに「アレ」と言うのも、おかしくないかと心配してたんやけどなあ。最後は「流行語大賞」やて。まあおれも流れには逆らわん。周りから「流行語大賞はどれくらいの賞金が出たんですか?」と聞かれるけど、そんなもん1円も出るかいな。なんか重たい陶器か銅製か、置き物のようなんをもらったけど、まだ中身まで見てないわ。

「流行語大賞は勝利監督賞よりうれしい」とスピーチしたけど、ほんまは勝利監督賞をもらうのも簡単やないよ。ましてや「簡単に優勝した」と自分では言えるけど、周りから言われることではないよな。

だからもう「アレ」と言う必要はなくなったな。2023年は「優勝」という言葉を封印して「アレ」と言うた。2024年は逆に「アレ」を封印する。わざわざ「アレ」と言い換えずに、普通に「優勝」と言うわ。

白い雪のように白星が積もった

２０２３年1月の岡田会・激励会当日は記録的な大雪やった。大阪との間で電車が止まって、帰宅できなかった人もいた。だから今回の祝勝会では誰もが「今日も寒いですけど、雪は大丈夫ですやろか」と京都弁で心配していた。だからおれは「京都が白星の始まり」と言うたんよ。

今回は主力の選手が何人か来てくれた。小野寺やったか「岡田監督の面白いスピーチは勉強になります」とか言うとったなあ。

スピーチがうまくなる理由はまたあとの章で説明するわ。

1年前の京都、静かに降り続けた白い雪が、あっと言う間に積もった。京都市内でも50センチくらいになったのと違うか。それは誰の力でもないし、誰にも止められない。

雪は白い。白い雪のように、チームに白星が降り続いた。誰にも止められない。しんしんと降り続く雪は、誰の力も借りずに積もる。あっという間に白星が積み重なるのと似ている。いつの間にか重なったチームの白星が、最後には独走態勢を生み出していた。「簡単に優勝した」とおれが感じたのは、まさに降り積もった雪のように、白星が重なったからだ。

アレの元祖は吉田監督

今回の優勝への道は、すべてがそんな調子やった。流行語大賞にまでなった「アレ」も、別におれが受けを狙ってひねり出した言葉でもない。もともと「優勝」と口にせんかったのは、おれの経験では85年の阪神・吉田義男監督やったと思う。「優勝」と言わずに「アレ」と言うのは、おれがオリックスの監督時代に、交流戦で優勝を意識した選手が硬くならないように使い始めた、というもっともらしい説がある。

前回の阪神監督のときに、交流戦であるコーチが勝手に選手を集めて「ここまで来たら優勝を狙おう」とか言い出した。それでおれが怒ったんよ。「コーチが勝手に優勝とか口にするな。優勝いうんはそんな簡単なもんと違うやろ」と。それを知っている記者がいたんやろな。

オリックスのときは担当記者がびびって「優勝」とはよう言わんかった。「ここまで来たら……」とだけ聞いてきた。だからおれがいつもの調子で「そら、アレよ」と答えた、そんな感じやで。

「優勝」と言わない元祖は吉田監督よ。吉田監督は「優勝」とは言わずに、とにかく「チーム一丸」「土台作り」「一蓮托生」「挑戦者」と簡単で、単純なフレーズを繰り返しとった。

優勝マジックが出てからは、誰とは言わんけどあるベテラン選手に「おっさんええ加減にせんかい。もうはっきりと優勝やと言うたらええやろ」と言われとった。

そういうところは吉田監督も頑固やからなあ。優勝スピーチでも、うちは挑戦者です、言うてたわ。

自分に言い聞かせていた

あえて自分の中でなぜ優勝がアレになったのかを問うのなら、オリックスのときではなく阪神監督最後の２００８年やろうなあ。最大13ゲーム差で独走態勢やったのに、最後は巨人に逆転された。

いろんな理由がある。おれの中で、なんでやろ、と思い返せば「優勝」を一番意識していたのは、監督のおれだったのかもしれない。「優勝できない」「逆転される」という危機感を、極端に持ちすぎた。

極端な危機管理は、逆に危機を招く危険性がある。サヨナラ勝ちをしても「こんな勝ち方はあかん」とおれの頭の中は冷め切っていた。

「優勝」を誰よりも意識したことで、極端な戦いぶりになった。試合相手はまだしも審判やマスコミ、フロント、自分の周りすべての緩い空気に腹が立った。「こんなんじゃ優勝できんぞ」とピリピリして周囲と対立した。

「優勝」じゃない。「アレ」やん。２０２３年はそうすることで、みんなが深呼吸した。余裕を持って冷静に試合した。おれは「普通にやるだけやんか」という言葉を繰り返した。

自分では意識したつもりはないが、いずれも前回の反省を含めて、自分に言い聞かせていたのかもしれん。２００８年の歴史的V逸の屈辱。普通にやれなかった悔いは残った。

アレは嫁さんの発案

流行語大賞では「アレ（A.R.E.）」と表現してたなあ。スピーチでは、自分なりの解釈も加えた。「これ」なら簡単に手が届く。「あちら」だと遠すぎて目標にならない。「アレ」だともう少しで手が届く。達成可能で明確な目標になる。

チーム全体で「アレ」を目指すことにした。球団も正式なチームスローガンにするために「A.R.E.」に英語のフレーズを加えた。

ところが嫁さんに言うたら「ちょっとニュアンスが……」と首を傾げる。嫁さんは父親が商社マンで中学生のときから6年間、カナダで生活しとった。本場の英語が身に付いとるから、それはいろいろ助かる。

A（Aim・目標）R（Respect・敬い）E（Empower・力を付ける）と、嫁さんのアイデアを加えて球団のキャッチフレーズを完成させた。そういえば2024年のキャッチフレーズは「A.R.E. GOES ON」に決まったけど、これも最初は微妙に表現が違っていた。

最初はGOING ONやったかな。嫁さんが英語としてはちょっとおかしいよって言うんで、GOES ONに直した。

決めるのはフロント

嫁さんも大したもんやと認めるけど、それはそれ。最終的に球団として決定するのは、そらフロントの責任よ。グラウンド以外のことは、おれが進言しても決めるのはフロント。責任を持たせることでフロントは動く。

「四球の査定点を上げるように」と開幕前に、おれがフロントに進言したことが、チーム全体で四球が増えた理由といわれる。確かにおれが言うたけれど、やるかどうか決めるのはフロントよ。だから実際にどういう点数で、どれだけの金額に跳ね返るとか、そこまでは監督の仕事と違う。

監督の感情は、采配に影響させないというのがおれの考え方。だから選手に対する感情や、契約内容などを頭の中から排除する。外国人に多いけど、いろんな数字で出来高の契約にしている選手がいる。おれは一切、契約の内容を聞かない。感情論も同じで、采配に余計な感情を加えてはいけない。

だから選手の評価はしない。どこをどう評価したとか、外に言う必要はない。「なぜこの選手を使うか？」の答えは単純で「ええから」。使わないのは「悪いから」。それだけしか言わない。打者なら打てるか打てないか。投手なら抑えるか抑えられないか。走者なら走れるか走れないか。守備は守れるか守れないか。それだけよ。余計な説明はいらん。

選手の評価は選手がする

どっちの実力が上かは、同じグラウンドに立てば選手同士が一番感じるもんよ。どちらがレギュラーにふさわしいか、選手が一番分かっている。いわば選手の評価は、選手がするということや。大事なのは監督の判断が、選手の評価と違わないこと。それを間違うと選手の不満やチーム内の不協和音につながる。

2023年でいうと「四番大山」は「一番近本」とともにキャンプで決めた。「2人は自由に打たせる。それだけの信頼感をほかの選手が持っている。打てないときでも、あの人ならと周りの選手が納得する」と分かった。本人の態度ではなく、周りの選手がそう感じていることが見えたからだ。

キャンプは1カ月以上の共同生活。グラウンド以外の行動、食事、選手同士の動きと、グラウンドの技術だけでなく、すべてを観察した。リーダーにふさわしいと判断した2人が、シーズンではそのままチーム全体を引っ張ったよな。

選手との会話は起用法で行う

おれの考え方は「選手との会話は言葉ではなく、選手に対する起用法で行う」というもの。ああだこうだと言葉で言うより、その選手に求めるものは使い方で伝わると思うとる。

2023年を例にとると分かりやすい。打順も守備位置も固定した。一番センターに固定した近本。①外野守備の要になれ、②安打数ではなく出塁率にこだわれ、③盗塁はジスボール（次の球）のサインで出す、④走者を置いた打席では好きに打て——などのメッセージが込められている。

近本は野球に対する理解が早い。足の速い左の一番打者なら、相手投手によっては、内野安打を狙うという方法がある。野球界でいうところの「走り打ち」だ。

打席で体を開いて、スタートを切りながらバットに当てる。とてもクリーンヒットが打てそうにない出来の投手が相手のときに、ボテボテの左方向への内野ゴロで安打にする。

キャンプの早い段階で、近本を含む何人かでそんな練習をして、一塁までのタイムを計った。結果からいうと近本は速くなかった。振り切るタイプのスイングだから、スタートが切れない。

無理に「走り打ち」を求めるより、好きにスイングしたほうがいい結果につながる。そういう一番打者もいる。キャンプで確認することで、使う監督も、使われる選手も納得してチームとしての方向性を確認する。

それが監督と選手の会話やと、おれは思っている。

二番中野は遊撃から二塁にコンバートした。肩が強いほうではない。その結果2022年は遊撃の守備位置が前になっていた。グラウンドの中では分からない。ネット裏上段の記者席だからこそ俯瞰して見えた、評論家・岡田の目ということやな。もともと守備力はある。東北福祉大では二塁が本職やった。そんなん誰も知らんのやからなあ。

二塁やったら送球を気にせんですむから、守備範囲も広くなる。余裕を持てば一流の二塁手になれる。ゴールデン・グラブ賞の常連だった名手、広島・菊池を上回る日本一の二塁手が誕生した。

「思い切った中野の二塁コンバートが、優勝への大胆采配」とかいう声もあるけど、そんなんおれにしたら当たり前のことやん。中野を二塁で使うって普通の采配やんか。


とはいうても、おれもまた、何事も自分のペースで考えがちやったとは思うよ。「そんなんいちいち言わなあかんのか」といつも思うてた。今は違う。「いちいち言わなあかんのよ。特に若い子はなあ」と考え方を改めた。

「なぜそうするのか」を伝えないと、今の子は動かない。以前なら問答無用に、やれと言われたことをやれで通せたけどなあ。今はまず理論的に納得させて、そのための方法論、目的、目指す結果まで伝えてやらんと動かんわ。だからキャンプから、意識して選手と話したときもあるよ。

グラウンドの外から俯瞰して気付かされた遊撃・中野の違和感。
二塁へのコンバートは“当たり前のこと”

ベテランとは直接会話する

選手との会話を心掛けたというより、自然にそうなった感じよな。伝え方は選手によって変えたよ。投手陣では実績のある青柳や、ベテランの西勇とは直接会話することがあったなあ。

このクラスの選手は自分の考え方をしっかり持っている。一方的に指示するんではなく、こんなやり方もあるぞと打者目線で示したほうが伝わりやすい。グラウンドで話し込んだり、ときには監督室に呼んだ。

選手側からも近寄って来た。開幕投手で起用したが、シーズン中調子の出なかった青柳には日本シリーズ第7戦、最後の大舞台で先発させた。「最初と最後はお前に任せる」と青柳には伝えた。

「思い切った起用」といわれたけど、そら秘密兵器やん。オリックスには日本シリーズで初登板やん。変則のタイプやし、おれにはいけるという感触があった。

6戦目青柳、7戦目村上でもよかったんやけど。ブレイクして1年目の村上にそこまでプレッシャーはかけられない。プレッシャーかけるんやったら青柳に、もうお前が責任取れ、とそういう覚悟よな。開幕投手の青柳には、エースとしてのプライドがあるし、信頼に応えてマウンドで答えを出したわなあ。それが普通のことよ。

おぼっちゃまルーキーには マスコミを活用

ルーキーの森下には、マスコミを通してメッセージを出した。「きついことを直接言うと泣き出すからなあ」とマスコミの前では言うといた。「監督にきつく言われたら打つ」とか言うとる選手もいたなあ。まだシーズンを通しては打順も固定できないし、ファームにも行かせた。そら新人として学ぶべきことは多いよ。そのことを直接の会話ではなく「打撃の波が大きすぎる」などと、やるべき課題をマスコミの取材で答えたんよ。

「今の子」やからなあ。恐れを知らんというか、物怖じしないわなあ。マイペースで大胆。何事もこだわらずあっさり切り替える。練習熱心で真面目ないい子や。向上心もあるし、いろいろと考えてはいるんやろ。

おれの1年目とはえらい違いよな。おれは毎試合、甲子園の試合が終わると、親父（故・勇郎さん）に連れられて新地へ繰り出した。

一方で森下のようなタイプは打たれ弱い。甘えん坊のおぼっちゃまやからなあ。だから直接対話ではなく、ワンクッションを入れるようにした。

やんちゃな子にはコーチから

同じ「今の子」でも、佐藤輝はちょっと違うんよな。やんちゃでマイペースというかなあ。その割に単純な「野球バカ」にはなれない。理屈や理論にこだわりすぎずに、ストレートに野球に取り組む。それが必要な場面もあるんよなあ。「野球バカ」になれないから言い訳ばかりしているように聞こえるんよ。

佐藤輝には平田ヘッドコーチに伝えさせた。アマ時代に厳しい規律で鍛えられた経験がない。仁川《にかわ》学院、近大とお山の大将でやってきた。それでもトッププレーヤーでいられる身体能力があったのは確かやろ。だからプロでの練習も、自分のペースでやろうとする。

早稲田やったら4年間続いてないいんと違うか。いい意味で早稲田の野球は「野球バカ」でないとついていけない。佐藤やったら夏合宿の途中で、軽井沢から逃げ出してたかもしれんわ。

佐藤に厳しく接した指導者は、おれが初めてと違うかなあ。それも野球の技術以外のことやからなあ。夏前にスタメンを外したとき、拗ねたような態度で守備練習に出てこなかったんよ。試合中もベンチの奥に引っ込んだまま。もともと練習の姿勢も、とことん追い込むようなことはしない。適当にこなそうとする傾向がある。

どこかで、言わなあかんとは思っていた。直接は言わんよ。これは自分で気が付くしかないんよ。野球の技術じゃなくて、野球に取り組む姿勢の問題やからな。佐藤の態度は他の選手が見ている。佐藤を特別扱いできない。だから平田ヘッドコーチに「二軍に行ってもらう」と言わせた。

採配で、人を変化させる

平田ヘッドとは前回の日本一、1985年に二遊間を組んだ仲やからなあ。毎日、安芸キャンプのサブグラウンドで、日が暮れるまで一枝さんのノックを受けた。どこへどんな球を投げれば併殺が取れるか。何が得意で何が苦手か。口に出さんでも、相手の気持ちは分かる。

2004年も監督とヘッドコーチの関係やった。おれの意を察して、平田ヘッドは佐藤を呼んだ。

「ファームに行ってもらう。理由は打てないからではないぞ。野球に取り組む姿勢を考えろということだ。チームのみんながお前の行動を見ているんだ。打てるかどうかじゃない。グラウンドに入る前から練習中、試合中の役割、試合が終わってからの態度。全部見られている。炎天下の二軍の試合で、自分が何をすべきか考えろ」

人当たりが柔らかく、どんな言葉にも相手への気遣いが感じられる。平田ヘッドが、

野球人としてのあるべき姿に気付かせるため、佐藤輝には
平田ヘッドを介して二軍行きを告げた

佐藤との間でクッション役となった。

佐藤は何を言われているか、そら平田の言葉なら素直に聞けるやろ。おれの気持ちも分かったと思う。ファームの試合で真っ黒になって、守備にも懸命に取り組んだ。ベンチの最前列で、大声を出した。周りの選手も佐藤の変化を見てたやろ。

選手やコーチの生活を守るために

オリックスの監督を退いてから10年間は、野球の現場から離れていた。といっても基本的におれは、野球関係以外の仕事はせんかった。周りには退団した阪神OBも多くいた。芸能活動で頑張るOBもいる。プロダクションを運営する後輩もいる。ゴルフ、スポーツ関係の職もある。サラリーマンや飲食業で苦労する仲間も間近で見たわなあ。

そういう人たちを見るだけでも、グラウンドでは体験できない新たな人生経験やなあ。見聞を広げるというかなあ。仲間が店を出したりすると、必ず顔を出す。だけど現実はなかなか厳しいな。商売やっている人も、そんな簡単な世界ではない。だからこそ選手やコーチの「第二の人生」は応援する。いろんな生き方を、それはそれで認める。

オリックスの監督をする前は、1年間だけの社会経験やったから、今とはちょっと考え方も違っていたかもしれん。『オリの中の虎』を読み返すとプロローグに、興味深いおれの考え方が出て来る。以下に、その内容を抜粋することにする。

『オリの中の虎』プロローグ

宮内義彦球団オーナーからは、こんなことを言われた。

「オリックスを、チームを強くしてほしい。試合に勝ってください。勝てるチームにしてもらいたい。岡田さんにお願いしたいのは、ただそれだけです」

朝食のコーヒーを飲みながらやった。

あるホテルのレストランで、朝食をとりながらの席やった。おれと向かい合って座ったメンバーは宮内オーナー、そして井箟重慶《いのうしげよし》アドバイザー。２人とも、おれがオリックスの選手やったときからの知り合いやから、すぐに本音で話すことができた。

宮内さんは、余計なことは何も言わんかった。

「勝ってほしい」

ただそれだけよ。プロ野球の監督を要請するのに、それ以外の言葉はいらん。勝つこと以外に言われたのは、若い指導者を育ててほしい、ということやった。

おれは即座に、田口の名前を挙げた。田口壮。オリックス時代には、おれと一緒にプレーした。メジャーに行ってからも、オフになると我が家へ挨拶に来た。自宅が近所で、夫婦そろって遊びに来た。アメリカに行くときには、うちの嫁さんに、英語習うとったわ。

「田口を呼び戻したらどうですか」

おれの言葉に、宮内さんはほうっと相づちを打った。

田口のプレーで印象に残っているのは、イチローより足が速かったということよ。単純に打席から一塁まで、よーいどんで走ったら、おれはオリックス時代のイチローより田口のほうが速かったと思う。

ただ打席が右やし、実際には打ち終わってから走り始めるまでの時間がイチローは、ダントツに速い。だから打って走ると、田口よりイチローのほうが2、3歩は速く、一塁ベースを踏んでいた。

井箆さんはおれが阪神を出て、オリックスに行ったときの球団代表やから、おれの気持ちはよう分かってくれている。仰木彬監督と一緒に、おれを完全燃焼させたると、オリックスでチャンスを与えてくれた。

現役を引退して、オリックスでコーチになるときには、宮内さんに話を持っていってくれた。そのときの話は忘れられない。

「岡田さん、あんたは阪神の人やから、将来また阪神で指導者をする機会があったら、そのときは喜んで送り出すよ。二軍監督でという話を宮内オーナーに持っていったら、いやだめだ、いきなりそんな風当たりのきついところに置かずに、二軍助監督でじっくりと指導者の勉強をしてもらいなさいと、そう言われたよ」

そうしておれはオリックスの二軍助監督から、指導者の道をスタートした。二軍で指導をしたことがどれほど、阪神での一軍監督をするときの財産になったことか。宮内さんに言われた通りの道を歩めたことは、今でも感謝している。

「今、おれの脳が動いた。オリの中の虎、おれはオリの中の虎になる。オリに入る、オリックスに行くけど、心の中は虎、つまり阪神タイガースへの思いが、消えてなくなることはない、オリの中の虎、そういう意味なんや」

オリックスの監督就任が決まって、編集者からは、本のタイトル、どうしましょうと相談された。

「さらば、阪神タイガース、でどうですか」

いや、それは違う。さらば、やないんよ。全然違う。さらばなんて、誰も言うてないやん。

もうこれ以上、阪神で経験していないものはないと思うとった。もうそれは、やりとげ感、というやつよ。おれは阪神でやれることはすべて、出せるだけの力を出し切って、やり尽くした、と思っていた。そう思うとったのに、まだやってないことがあったんやなあ。

まだ一度も開けていない引き出しが、もう1つだけ残っとったんよ。もう消えたと思っていたろうそくに、まだ火はついていた。阪神に勝つ、という引き出し。阪神と対戦する相手チームの監督になって、阪神と試合をして阪神に勝つ。その経験だけが、引き出しの奥に眠っていた。

阪神でのすべての経験の中で、何が一番うれしかったか。そら2005年の優勝よ。85年の優勝もすごかったけどあれは選手としてやから、苦労も何もないわけよ。03年の優勝は、コーチという立場やったし。やったもんにしか分からん、監督としての優勝の喜び、それはなあ……。

苦労したというような言葉とも違う。苦労なんて思うていたら、阪神の監督はできん。辞めてから、阪神の監督は大変だったでしょ、激務でしょとか言われるけど、そんなん自分で激務とか思うてたら、それはとてもできんことなんよ。

プロ野球の監督いうんは、毎年12人しかいてないんやからな。選ばれた者しかできん、そういう立場やから。どうや、うらやましいやろくらいに思うて、誇りに思うよ

2005年、阪神監督就任２年目でリーグ優勝を果たし、監督としての優勝の喜びにひたる

な。プロ野球の監督をするというのは。だからやらせてもらいたいと、そういうことは違うよ。

阪神タイガースというチームには、間違った方向には進んでもらいたくない。チームの目的はいつも、勝つこと、優勝すること、日本一になること、ただそれだけであり続けてほしい。

フロントには、将来の方向を決める選択を、決して間違ってほしくない。

おれは来季、２０１０年はオリックスの監督として、勝つことに全力を尽くす。勝つ、勝ったる、勝ちまくったる。今はそういう気持ちや。それは阪神を相手にした場合でも、もちろん同じこと。そうすることで、勝つことで、阪神タイガースというチームに精一杯の、おれなりのメッセージを送る。

プロ野球の監督として、そのやり方は何が正しくて、何が間違いかという理屈はない。勝つこと以外に、目的があってはならない。勝てばそのやり方が正しかったことになる。

この本は初めてユニホームを脱いだ、岡田彰布から阪神タイガースへの最後の言葉だ。『オリの中の虎』として今度は、タテジマではないユニホームを着ます。

オリックスとの不思議な因縁

オリックスの監督としてユニホームを着る。阪神と戦うことになったときの、2010年を前にしたオリックスと阪神への思い。『オリの中の虎』に書いているのは、正直な気持ちで今も変わっていない。

それは不思議な縁となって2023年はまったく逆の立場で、対戦が実現した。逆というより阪神のユニホームを着て、オリックスと試合をするというのが自分にとっては自然な形なのだろう。

オリックスのオーナーは宮内さんから井上亮《まこと》さんに代わり、湊《みなと》通夫《みちお》球団社長。そして監督は田口ではなく、中嶋聡がいた。田口は外野守備走塁コーチとして、一塁コーチに立っていたのも不思議な感じやったなあ。

もちろん最も予測していなかったのは、おれが再び阪神の監督となり、オリックスと日本シリーズで戦うという未来予想図やろなあ。

2023年の日本シリーズ前には、オリックスに対する気持ちを聞かれた。

「こっちは久しぶりやし、どっちかいうたら挑戦するほうと違うの？　経験とかも向こうのほうがあるわけやからなあ。日本シリーズは挑戦する、そういう気持ちよな」

と答えた。

ほんまに素直な気持ちよ。選手としては最後の2年、監督としても3年オリックスにはお世話になった。そのときとはメンバーも変わっている。ほとんど知らん顔ばかりやから、あんまり関係ないわなあ。

中嶋監督についても聞かれた。そら現役時代も知っとるよ。肩がめっぽう強かったなあ。でもそれくらいであって、人物まで観察してないし。とにかく日本シリーズの相手としては、パ・リーグで3連覇したチームという、それだけよな。

おれがどうこうは関係ないよ。そらCSのときは、広島には受けて立つという気持ちやったけど、オリックスには挑戦する、それが普通やろ。

不完全燃焼からの再出発

２００４年から２００８年の阪神監督としての順位は4位、1位、2位、3位、２位。２０１０年から２０１２年のオリックスは5位、4位、6位。いずれも最後の年はやはり不完全燃焼で、悔いが残ったと言わざるを得ないわなあ。

特にオリックス最後の年は２０２３年のような「アレ」と違って「優勝します。期待してもらって構いません」というような言い方をしたよなあ。まあその結果として、シーズン途中でユニホームを脱ぐことになった。

それからの10年も含めて、いろんな経験をしたことが２０２３年で一気に「アレ」になったということよなあ。「岡田さんのコメントが面白い」とか言われたけど、そら現場を離れていた10年間の経験は大きいよ。講演を頼まれて、1人で1時間半しゃべる。コメントのコツも分かってくるよな。

「日本一おもろい野球解説者」とか言われたこともあるけど、そんなん自分では分からんわ。別におもろいこと言うたろうと思ってしゃべっとったわけやないし。ただ何でも自分でやったわ。

スケジュールの調整も、切符の手配も移動も。どこかの事務所に所属していたわけでもないし、嫁さんに手伝ってもらうくらいで。パソコンはやらんけどスマホくらいは使える。メールやラインもするよ。返信はせんけど……。それもまあええ経験やったわなあ。

2023年、NHKがおれを追いかけるドキュメンタリーで「〝普通〟の名将」ってタイトル付けとった。ええと思うよ。結局、普通が一番強いんよ。名将かどうか、これも自分では分からんけど「〝普通〟の名将」を目指してやな、2024年も普通にやるわ。

第二章

岡田の法則 最新版

普通にやるだけやんか

2023年のシーズン中、おれは何度も「普通にやればいい」という言葉を繰り返した。特に意識して口にしたのではなく、ほんまに「普通にやるだけやんか」と思うとったよ。

おれは「ヒットを打て」とか「三振を取れ」とかは言わんよ。できることをしろと言うだけ。だから四球が増えたというのも、チームにとってどうするのがええか、当たり前に自分のできることを考えるだけやん。

特にCSから日本シリーズと続いた特別な舞台になればなるほど「普通に」を口にしてたなあ。「普通に」の言葉には2つの意味が込められているんよ。実力以上を求めないというのと、平常心を保てという2つの意味やな。

シーズンが進むにつれて、選手にもその考えが浸透したように思う。シーズン後の特番で、大山がこんなことを言うとった。

「普通にやればいいと言われて、ものすごく気が楽になった。普通にやって、いい結果が出ると自信になる。普通のレベルがどんどん上がっていった」

そういうことよな。「普通」のレベルは人によって違う。それでええんよ。

「普通」を野球のプレーに当てはめるなら、守りを重視する野球につながる。おれが求めたのはファインプレーではなく、堅実なプレーなんよ。投手はバックにファインプレーをしてもらうより、打ち取ったと思った球をちゃんとアウトにしてもらいたいと思うてる。

ゲッツーだ、と狙い通りに打ち取ったのに、ランナーが残ったらがっくりするわなあ。試合が崩れるきっかけになるのは併殺が取れずに、走者が残ったときなんよ。

ファインプレーに見えないのがファインプレー

近本の守備位置が前寄りになった。これは後ろの打球は追いつけるという計算があるからやな。だから前に落ちる球を警戒する。つまりは守備範囲が広がる。足を生かした守備範囲の広さが売りや。普通ならダイビングしてファインプレーになる打球も、余裕で追い付いてしまう。

「ぼくの守備でいうと、今季のファインプレーは少なかった。前に守っていたからです」

と本人も言うてた。守備範囲を広げたことでファインプレーより、ファインプレーに見せない守備で投手を助けた。

評価を変えれば、意識もチームも変わる

2023年はチームプレーを大切にというイメージで見られたけど、おれは決して個人の記録を否定しない。それどころかチャンスがあったら、個人の数字を狙わせる。2024年のテーマとして選手に言っているのは「個人のタイトルを狙え」ということや。タイトルでなくとも例えば3割とか、15勝とか数字にこだわればいい。

個人の数字がチームの勝利につながる、それが本来のチームプレーなんよ。残った数字はそのまま評価となり、自分の給料に跳ね返る。だけどチームの成績が悪かったら給料も上がらんからなあ。

具体的にいえば一番のチームプレーは自分が二塁走者のとき、打者がヒットを打ったら必ずホームに帰って来ることや。帰って来たらチームに点が入るだけでなく、打者に打点が付く。打点があるとないとでは、査定も違ってくる。査定ポイントになり、チームの勝利に結びつくというケースよな。

だから2023年の開幕前には、選手には四球は安打と同じ価値があると言った裏で、同時にフロントには四球の査定ポイントを上げるように申し入れたんよ。そうして優勝したらどうなった？

みんなものすごく給料が上がったやろ。自分のヒット数や勝ち星より、チームが優勝することで一番、年俸が上がったやんか。そういうことよ。普通にやったら、給料が桁違いに上がった。こんなええことはない。それを選手が分かったやんか。

安打も四球も同じように評価されることで、選手の意識も変わったよなあ。終盤の大切な場面で選手が、打つことより四球を選んでガッツポーズをしたんよ。ベンチもそうよ。ベンチにいる選手が、四球で盛り上がるなんて、今まではなかったやろ。勝ち方というか、打てないときにどう勝つかということがチーム全体に浸透した。自然体で、四球のガッツポーズが出たんやろ。おれはこのときに、このチームは強くなったと感じたわ。

できることをやれ できないことをするな

選手はそれぞれが、自分の特徴を出したらええんよ。おれはプロは短所を直すんじゃなくて、長所を伸ばせばええと思う。その組み合わせを考えるのが監督の采配やろ。かつて、おれが阪神の二軍監督で、野村克也さんが一軍監督だったときよ。「短所を直さんと、二軍の選手は一軍の試合では使えない」と言われたんやけど、おれは納得できなかった。

打つ、走る、守る、バントする、遠くに飛ばせる、打球方向を狙って打てる。先発で長いイニングが投げられる、球が速い、変化球が得意、コントロールがいい、動揺しない。おれはそれぞれが得意技を磨いて、チームとして組み合わせれば強くなると考えてる。２０２３年の阪神はまさに、それで日本一になったと思うとるよ。

「できることを普通にやる」というおれの法則には、裏側に「できないことをしようとするな」という法則がある。打者は3割打てれば一流やのに、ときどきおるんよなあ。そのままで3割打てているのに、やり方を変えようとする選手がなあ。何しとるんやろと思うよ。４割打とうとしとるんか？　４割打った打者なんか、プロ野球の世界におらんやん。新人王獲ったのに、そのあとは結局阪神では戦力外になってしまった高山なんかなあ、もったいないよ。

長所を出し切る。それでええんよ。自らの力量を、いい意味で自覚する。いらんことせんでええんや。普通の集合体が、チーム全体の強さにつながるんやから。

「代打アレ」は、ダレ？

もともとおれは口数の多いほうではない。だから選手は「監督と直接話したことがない」と口をそろえるわな。2023年のオフにはバラエティ番組で、選手がみんなそんなこと言うて笑いを取ってた。

おれは昔から何も変えてないよ。前回の主力やった赤星は「若い選手には、岡田監督の通訳をしていた」とどっかで言うとったなあ。「優勝」を「アレ」と言い換える前から、おれは何でも「アレ」としか言わんかったもんなあ。

これも赤星が言うとった。「今日はお前、アレやから」と試合前に言われたら、アレの意味はスタメンではないぞ、ということだったとか……。そんなん言わんでも分かるやろ。前後の状況で判断せえよと、思うわなあ。

それが若い選手は慣れていないから理解できないようや。若い選手だけでなくおれが「代打アレ」と言ったらコーチが、違う選手に準備させたことがあるわ。「なんでお前がヘルメットかぶっとるんや。代打はお前と違うやろ」と怒ったこともあったなあ。

唯一無二の平田ヘッドの存在

平田ヘッドコーチはおれの2つ下やから、64歳か。「本当に岡田監督には助けてもらった。前回とはまったく違う岡田監督になった。お互い年を取りましたから……。別人ですね。周りを見て、カリカリせずに、余裕を持って、わたしもうまく使ってもらいました」。平田ヘッドが、日本一になった直後にユーモアを交えて言っていたのを人づてに聞いた。

試合中はベンチに座ったおれの隣で、腕を組んで立っとるわ。なんや知らんけど、にこにこと笑ろうとる。それでええんよ。細かい作戦のことより、ベンチ全体の雰囲気を和ませる。そういう性格やから。

以前は中日戦でおれの代わりに退場したこともあるし、2023年もおれが審判と

選手だけでなく、すべての面でクッション役となり、ベンチ全体の雰囲気を和ませる平田ヘッドは唯一無二の存在

話しているのを見ながら時間計っていたらしい。長引くと退場になるからチェックしてたんやろ。

まあそれが平田ヘッドの役割やな。おれが審判団に強く詰め寄ろうとすると、すっと間に入る。選手だけでなく、すべての面でクッション役となる、それでええやん。

パインアメ？ よう知らんわ

「あんなん、よう知らんよ」と言うしかないわ。

デイリースポーツの1面。ベンチでパインの形をした飴を口にする写真が大きく掲載された。なんやオフには賞をもらったらしいけど。

以前の阪神ベンチには、大きな缶に入ったのど飴が置かれてたんよ。選手は好きなときに手を突っ込んで、口に放り込んでた。それがコロナ禍よ。今は個包装してないとあかんから。そら以前にもパインの飴は食べたことはあるけど、特別なことは何もないよ。そこにあったから、袋に入ったパイン型の飴を口に入れてただけや。

山ほど送って来たよ。新聞が製品名書くと、ものすごい宣伝になってしまうからなあ。おれには1円も入らんけど。

煙草は吸う。今は外国産の細くて、1ミリグラムの一番軽いやつやけど……。試合中のベンチでは口にできんから、ついつい飴に手が伸びる。


とはいうても試合中ずっと飴をなめているわけではない。「攻撃中はあまりなめていませんねえ」と誰かに言われた。よう見とるわ。その通りよ。さすがに飴を口に入れたまま、審判に選手交代を告げるのは失礼やろ。だから交代が多い攻撃中は、あまり口に飴を入れていない。いろいろ考える人がおって、パインアメは丸いドーナツ型やから、白星を連想させて縁起がいいとか。岩崎が言うたんか。そこまで考えてないわ。

オフに初めてパインアメの会社の社長から名刺もらったけど、もともとはタイガースともおれとも何の関係もなかったからなあ。優勝した日は10倍売れて、オンラインショップがパンク状態やったと礼を言われたわ。阪神ファンが買って周りに配るらし

ベンチでパインアメをなめる瞬間をとらえたこの写真は、関西写真記者協会賞スポーツ部門銀賞を受賞

いわ。

まあ、日本一になったんやから2024年もパインアメは継続やな。

「お疲れナマ」も、ええやん

おれのパインアメは、飴とお菓子類をもらっただけ。その点、平田はしっかりしとるわ。まあそれも個性やから、それはそれで俺は何も言わんよ。

選手もそうやけど個性や特徴を、できるだけ生かしたらええ。それは野球のスタイルだけでなく私生活でも、最低限の規律さえ守っていれば細かなことを言う必要はない。

野球だけが人生のすべてではないから。野球を辞めてからの生き方もある。だからいい意味の個性は認める。それはコーチに対しても同じや。

祝勝会の中締めで壇上に立った平田ヘッドが「お疲れナマです」とアサヒビールのコマーシャルをもじって、会場を沸かせとった。ついでに「アサヒビールさん、CM

よろしく」と笑わせた。それが実現しとったなあ。実際にアサヒ生ビールの広告ポスターで起用された。おれの感想は「別にええやん」だけよ。

二軍にも足を運ぶ

二軍監督の和田も、平田ヘッドと同じようなことを言うてたらしいなあ。「岡田監督は、本当に変わられました」。阪神一筋の61歳か。85年に入団して来て、おれが休んだときには二塁も守ってた。

前回の日本一のときは選手として、それからはコーチとして一緒にやった仲やから。もう何も言わんでも、分かるわなあ。

「野球が好きで、タイガースが大好きというのはずっと変わりません。時間があればファームにも来られますし、試合のビデオやデータも細かく見ておられる。見ることが一軍監督の仕事、という意識が岡田監督にはある」

和田の言う通りや。

コーチにも選手にも、一番説得力があるのは「監督が見ている」という事実よ。新戦力だけではない。調整中のベテランや、故障者の状態も見逃さんように。見るだけではなく、二軍の監督、コーチからの報告も大事よな。

「信頼していただいたと思います」と和田は言うてたようや。シーズン途中に新人の森下、ホームラン打者の佐藤輝とチームにとって最大の財産ともいえる人気選手を、ファームに預けたからなあ。

「本来なら岡田監督の手元で指導したい選手でしょ。二軍に預けるということは、わたしのことを信頼してもらっているんだな、と感じました」。言葉よりも行動で、和田二軍監督に信頼を伝えた。そういうことよ。

2023年の日本シリーズ第4戦で、突然の「ピッチャー湯浅」のアナウンスに甲子園が沸いたよな。シリーズの流れを変えた神采配とか言われたけど、あんなん普通のことよ。「いける」という報告は、和田からも聞いてた。ずっと二軍で調整させてたからなあ。そら神采配と言うなら、和田の見極めと一、二軍の連携のおかげということやろ。

「そらそうよ」とは言わん

前回監督したときは「そらそうよ」が口癖と言われた。同世代のトラ番記者から「○○ですね？」と質問されると「そらそうよ」と答えるしかないやん。今回はもうトラ番が息子より若いくらいやから。「そらそうよ」を言わなくなったんは、トラ番のレベルが落ちたからや。

前回の担当記者は、もっと野球を勉強し、周辺取材もしたうえで、おれに質問してきた。答えを持って聞くから「そらそうよ」と受けるしかないやん。そうして記者との緊張感と信頼感も、年々熟成されていくんよ。

だから、前の担当記者はみんな出世しとるやろ。担当記者とも切磋琢磨しながら、ともに成長したということやん。改発さんなんか、デイリースポーツの社長にまでなったんやで。そらおれも、大したもんやとうれしかったよ。

「おーん」と書かれても、そのまま

選手と同様に前回と比べれば担当記者も若くなった。前回は同年代の記者が多かった。もともとは「自分が話さなければ相手が話し始める」という法則よ。だから「そらそうよ」ですんだ。

今回は違う。自分から説明してやらないと、理解されない。だから「そらそうよ」と相手の言葉を受けるのではなく「おーん」と自分に相槌を打つようになったんかな。「●●だよな」と自分が言って、自分で「おう、そうよ」の感じで、ほんまは「おう」とか「おお」というリズムやと思うよ。

ところが、若い記者がインタビューの記事で「おーん」と新聞に書いた。ファンも「今日の岡田監督は、最高おーん」などと言いながら数を数えて、面白がったわ。まあファンが喜んでるならということで「おーん」もあえてそのままにしといた。

もうこの歳になったら頭や顔や何を言うたとか、そんな見栄えはどうでもよくなったわ。野球以外のことは、周りが面白がってくれればそれはそれでええやん。

評論家時代に鍛えられたしゃべりのコツ

話が面白いとか言われてもなあ。おれは普通にしゃべっとるだけよ。若いころは面白いと言われると、しょうもないこと言うなと感じたけど。今回は周りが面白がる「親父ギャグ」はそのままよ。

平田ヘッドの「お疲れナマ」も以前なら「ヘッドコーチの言うことか」と感じたかも分からん。今は「それも個性」と笑って許した。まあおれもいろんな世界の人と付き合い、話もした。しゃべるコツも分かっては来るよ。

リーグ優勝の祝勝会で「自分が主役」のタスキをかけてはしゃぐミエセスに「ミエちゃん、今日はあんたが主役と違うよ」と挨拶で笑わせた。CSで「高校野球のつもりで甲子園に乗り込む」と意気ごむ広島・新井監督に「高校野球って、金属バット持ってきたらあかんよ」と笑いでかわした。

評論家時代の10年間、各地でいろんな集まりに頼まれて、講演もした。1時間半1人でしゃべってみ。そら何回もやってたらしゃべりも、笑いのツボも鍛えられるわ。

動くが負け

野球の作戦に対する考え方は、〝先に動くな〟というものやった。「自分が動かなければ、相手が動く。相手が動くと対策を立てられる」という考え方やな。05年に中日の落合監督を相手に戦っていたときは「にやりと笑うのはサインが出たとき」などと読んだ。

ただ、今回はちょっと違う対応もあったよな。

前回優勝の05年は中日・落合、巨人・堀内、広島・山本浩、ヤクルト・若松、横浜・牛島と癖のあるベテラン監督が並んでいた。今回はおれが最年長。どちらかというと受けて立つという余裕があったわな。

一方で、ベンチでも喜怒哀楽を表現し、サインを出すのもめまぐるしく動いたこともあった。自ら動いて逆に、相手の反応を見るという采配も、あったよな。

予言には根拠がある

オリックスで選手をやっていた時代に見ていた仰木監督は、練習前に外野のフェンス沿いを走っていた。「前夜のアルコールを抜くため」と笑いながら汗を流す。阪神での野村監督は折り畳みの椅子を、杖代わりに持ってどこでも腰掛けていた。

おれはノックバットを持って、甲子園の外野芝生をトントンたたきながら歩く。ネットの後ろだけやなしに、いろんなところから練習を見ると違ったことに気が付く。外野を歩くのにも理由がある。ゴルフ場と同じでディボット（芝が削られた跡）や排水溝があるからなあ。芝目や硬さ、風向きによっても打球は変化する。毎試合、コンディションをチェックしとかんと。

監督は選手の調子、相手チームの様子だけでなく、すべての状況を把握しておかな

練習前は、グラウンドコンディションチェックのため、ノックバットを持って外野芝生をトントンたたきながら歩く

あかんのや。23年のオフ、安芸の秋季キャンプに行ったときは、最初の日にすぐ言うた。「芝が何ミリか長いぞ」。阪神園芸がすぐに、甲子園と同じ長さにしてくれたわ。野球のルール、年間日程、天気予報などすべてがおれの頭の中にある。「岡田監督は予言者」と選手が言うたらしいけど、全部根拠があるんよ。

グータッチより強いパータッチ

じゃんけんにも根拠と理論がある。おれはじゃんけんでも負けない。力が入る場面なら手を握るグー。気楽にさっと出すとパー。いきなりチョキはまず出さない。それを読んで自分が何を出せばいいのかを考える。だから大人数のじゃんけん大会の最初は、壇上でチョキを出すとだいたい半数に絞られる。2回戦以降も状況次第でほぼ判断できる。

選手には原・巨人前監督の得意とする「グータッチ」は禁止した。「グーより強いのがパーやんか」と試合中は「パータッチ」に統一した。

カラオケで歌うのは「白いブランコ」（ビリー・バンバン）と「街の灯り」（堺正章）。割と高音もカラオケのときはいけるんよな。選手のときは何枚かレコードも出してるで。今の選手は誰も知らんやろけど。

フォーク世代？　そんなんは特にない。学生時代は野球ばかりやってたからなあ。歌うのは高い点数の出る曲を選んでるだけよ。何をするにも理論的な裏付けがあるということや。

最後は人柄で選んだ最強の八番打者

チーム作りの大半はキャンプで終わる。選手の特徴をつかんで、戦いの方向性を決めて浸透させる。２０２３年に「守り勝つ野球」を標榜したのは、それができるチーム構成だったから。

先発、中継ぎ、抑えと投手が豊富で、広い甲子園で試合をする。守備を固定して専門化し、守りの意識さえ作れば勝てると踏んだ。すべて秋季、春季キャンプで見極めた結果や。

守りのキーは遊撃やった。昨年までの中野は二塁にコンバートした。これも大胆なコンバートとか言われるけど、おれから見れば当たり前やん。もともと、中野は大学時代は二塁をやってた。チーム事情で社会人では遊撃やってただけやんか。プロでショートやらすほうがおかしいんよ。

糸原は左の打撃を買って代打の切り札にする。遊撃は小幡と木浪に競わせた。守りから見れば肩の強い小幡が一歩リード。開幕は小幡を使った。ただ「何か違う」という思いが残ってた。

木浪が打つとベンチのみんなが盛り上がるんよなあ。性格というか存在感というか、人を惹き付けるものが、何かあるんよなあ。キャンプから見てきた木浪の人柄を買って、すぐにスタメンを小幡から木浪に代えた。そのまま木浪を八番に固定し「恐怖の八番打者」が誕生した。

「性格というか存在感というか、人を惹き付けるものが、何かある」
木浪を八番に固定し「恐怖の八番打者」が誕生

出身校、出身地、家族も把握する

プライバシーを侵害しないのは当たり前。そのうえで選手の育った環境から性格、状態まですべてを見極める。前回の監督時にはある主力選手が甲子園の帰り、毎日のようにコンビニに寄るのを見た。おれと帰る方向が一緒で、目立つ車が止まっているから分かるんよ。白いベンツよ。そら目立つわ。

毎日コンビニ弁当では食べ物が偏るわなあ。阪神の主力が試合の帰りに、コンビニ弁当を買っているというのもなあ。そらファンも見てるよ。すぐにマネージャーに確認させたら「奥さんと別居しているようだ」と報告が来た。マネージャーに指示して健康管理ができるように相談させた。

「岡田監督は何でも見ている」と選手は驚くけど、何でも見えるんよ。すれ違った車のナンバーも見る。「ええ番号や」と背番号と同じ「80」があると、絶対に見逃さない。ゴルフ場のロッカー番号、カートのナンバー、すべてチェックする。選手の出身地、学校、家族なんかも全部、頭に入ってるで。

人脈は全国にあるよ

２０２３年、抑え候補の湯浅が離脱して岩崎を使った。60試合投げた。あいつは大丈夫や。少々のことではへこたれん。高校はサッカーの強い静岡・清水東で、野球部の監督もよう知っとるよ。阪神ファンでユニホームもタテジマにしてたくらいや。大学は国士館やからな。鍛えられ方が違う。そんなん学校の教育やん。

大竹は現役ドラフトからエース級の働きをしたよな。球速ではなく投球術で勝負するタイプや。進学校の熊本・済々黌《せいせいこう》高校から早稲田、ソフトバンク。球の速さやなくて、頭がええんよ。慶応に行けるのを早稲田が取ったんや。そらいろんなところから情報は入ってくるからなあ。

独特の人脈というか自然に集まりが続いているだけよ。早稲田の野球部では同級生を中心に毎年、30人くらい集まる。12月に全国各地で持ち回りの幹事を決め、ゴルフと温泉宿。早稲田時代の恩師、石山監督にも来てもらって、もう43年間続いているよ。教師で野球部監督をしている仲間も多いから、全国の選手の情報が分かる。

明星中学、北陽高校はもちろん愛日小学校の同級生ともずっと交流を続けてるよ。スカウトが知らんような全国の人脈、選手の裏情報まで、すべて耳に入る。野球だけではない行動や性格まで、周りの評価がドラフトやトレードの判断材料になるからなあ。

「最高でーす」禁止令

今回はフロントにも、きついことは言わんかったよ。球団社長が年下なんやからなあ。あれこれ言うのはしんどいわ。年取って、自然にそうなったわ。今は褒めるだけよ。

前回はそらフロントにも厳しく接したよ。特に広報やマネージャーら、身近にいる担当者にはきつい指導もしたし、役割の交代もさせた。曲がったことや間違いは許せない。おれの意を汲んで先手で動けという思いやったなあ。

あれから何年もたって、担当者も経験を積んで覚えてきたわなあ。今回は黙って見て、褒めた。何年間かのスカウトの働きが積み重なってドラフトの結果が出てきた。今は生え抜き中心でメンバーが組める。ＦＡやトレードは補助的なものでいけるようになったのは、そらスカウトの力よな。

とはいえ、広報担当に指示した選手への教育もある。佐藤輝が代表例だが、開幕直後はヒーローインタビューで「最高でーす」と叫び声を繰り返す選手がいた。「ファンをバカにしている」とやめさせた。

試合展開に関係なく、本塁打を打つと手作りのメダルを首にかける、塁に出れば何でもガッツポーズ、試合に負けても笑顔で整列する……、すべてやめた。野球に対する姿勢よ。当たり前のことをすればええだけ。当たり前を教えるのがフロントの仕事よ。

〝日本一〟の胴上げ

日本シリーズの胴上げ。あれは格好よかったよ。フロントがようやった。シーズン優勝、日本シリーズ制覇、いずれの胴上げもチーフマネージャーが「ちゃんと監督を囲んで、丸い輪になって全員で胴上げをしよう」と指示した。

ビデオや写真で振り返ればよく分かる。最近はどのチームも胴上げはみんなが好きな格好でバックネットや外野へ手を挙げて目立とうとする、そんなバラバラの胴上げになっていた。

阪神も慣れていない85年の日本シリーズの胴上げでは、吉田監督が裏返ってしまった。「まるで大阪名物のお好み焼きです」と絶叫したアナウンサーまでいた。

その点、2023年のは、日本一になったチームの象徴ともいえる胴上げやろ。

思えば、おれが経験した2つの日本一は、人の力を超えたところがあった。

85年には日航機事故でシーズン中に、中埜《なかの》肇《はじむ》球団社長を亡くした。2023年は横田慎太郎さんの追悼試合があった。もちろん監督にも選手にも、それぞれの思いがある。中埜社長には選手会長だったおれが、日本一のウイニングボールを霊前に届けた。横田さんのユニホームは、胴上げとともに選手の手で天に掲げられた。

何かがあって、チーム全体の気持ちが1つになるのは当たり前のこと。ただ野球に対する判断は、どんな場面でも変えることはない。監督の涙はグラウンドの中では見せない、とおれは考えている。

監督の戦いは選手が見ている

監督が選手を見ているのと同じように、選手も監督を見ている。監督の言動は選手に大きな影響を与える。2023年開幕直前にNHKでセ・リーグ6球団監督の対談が放送された。もちろん選手も注目していた。

司会が早稲田4年のおれと、東海大3年の原が大学日本代表でクリーンアップを組んだと話題を振った。三番サード原、四番ショート岡田。「いやそら原がサードしかできん言うから、しゃあないやん」とおれが言った。

原監督は「その通りです。わたしは何ひとつ、岡田さんにはかなわなかった」と言った。今はプロ野球監督として対戦する立場や。40年以上前のプレーヤーとしての感想とはいえ、完敗を口にするとは……。

おれはまあ「そらそうよ」と思ったけどな。同じグラウンドで練習すれば、どちらが上かは選手が一番よく分かる。それがおれの考えやけど、東海大時代の原は、そう感じたんやろうな。

それにしても何ひとつとは……。開幕前の巨人監督が、阪神監督に対して漏らした言葉やからなあ。シーズンの結果は、開幕前に出ていたのかもしれん。対巨人戦は18勝6敗1分けと歴史に残る数字で圧勝した。原監督は辞任し、阿部監督にバトンを渡した。

バレンタインの奇跡の飲み物

監督の言葉が選手に与える影響の大きさは「バレンタインマジック」からも学んだ。05年の日本シリーズではロッテに4連敗と完敗だった。おれがユニホームを脱いでいるときに、ロッテの主力選手から裏話を聞かされたわ。

シリーズ前にロッテ・バレンタイン監督から「これを飲めばボールが大きく見える」と何かの飲み物を渡された。「いやあ本当に大きく見えました。ソフトボールくらいに見えるから誰でも簡単に打てたんです」。

何かの飲み物といっても実は、単なる栄養ドリンクだったようだ。違法な薬物などではない。それでも渡された選手は、バレンタインの言葉で魔法にかかってしまったということやな。

横浜・三浦監督との関係は、あとの章でも詳しく伝えようと思っている。ここでは開幕前のテレビ対談での発言を紹介するわ。「今回の岡田監督誕生を一番喜んでいるのは、わたしの父親です」と言うてたなあ。ほんまのことやけど……。

三浦監督のお父さんは、おれの実家の近くで花屋さんを営んでいる。大阪の下町、玉造《たまつくり》の人だ。おれの子どものころから、町工場や商店など近所の人たちで作った応援組織として「岡田会」というのがあった。

お父さんはその一員よ。北陽高校、早稲田とずっとバスを仕立てて応援に来てもらったりした。阪神に入ってからも同じように応援してもらっていたから、息子が横浜の監督になるとは不思議な因縁としか言いようがないわ。

常に失敗に備えよ

おれの野球に対する采配は、常に失敗を前提にする。代打は打てない、投手は交代すれば打たれる、そう考えて次の手を用意しておく。二手、三手先まで考える。うまくいけば何もしなくていい。采配とは失敗したときに慌てず対応することや。

だから監督が変わっただけで、1年目から簡単に優勝なんてできるかい、と思うとったよ。「優勝」という言葉は口にせず「アレ」と言ったのもそんな思いもあったからや。「アレ」と「普通にやるだけ」と2つの言葉を言い続けた。選手に対してだけでなく、自分に向けて言ってたんかもな。

失敗を前提に準備するが、失敗を待っているのではない。開幕前は不安7、期待3くらいやったかなあ。それくらいの構えでちょうどいい。

それが夏前には6対4になり、夏には5分5分になった。戦うに連れてチームが強くなっていったんよ。そらもう目に見えて選手が成長したなあ。9月は開幕と逆よ。期待が7で不安が3。マジックが出たころには、負けないチームになってたなあ。

『オリの中の虎』に見る岡田の法則

ここからは『オリの中の虎』から「岡田の法則」の一部を抜き出してみる。今とは少し変わったところもあるけど、おれの野球に対する考え方の原点は同じやと思う。

逆に「そう考えていたか」と驚くような新鮮な発想もある。

おれは場面によっては打者に「三振せい」と言う。三振してもええということではなくて、三振しろという指示や。打順の巡りや、投手との絡み、試合のリズムなんかでそういう場面がある。

下手にバットに当てて併殺になったり、余分な走者に出られると困る。そういうときはちゃんと査定で見てやるように伝えておくからと、選手に言ってやったよ。

だからというて選手のインセンティブ（一定の条件をクリアすれば報奨金の出る契約）の内容は一切、聞かんようにしている。それはフロントとの契約であって、監督は一切、関係ない。そんなん頭にあったら、采配がおかしくなる。

選手とは、人前では話もせんよ。グラウンドとかでは、何も言わない。どうしてもというときは、個人的に監督室に呼んで話す。内野コーチをしていたときは、遠征のときなんかに内野手を集めて飯食ったり、そういうのはあったけどな。

監督をしているときは一切、選手と個人的に食事をするようなことはなかった。2

003年にコーチをしていたときは、神宮で雨天中止になって、内野手連れて赤坂に行った。行きつけのすき焼き、しゃぶしゃぶの店や。

そのときはジョージ・アリアスがいたんやけど、しゃぶしゃぶは苦手で、肉はステーキを食いたいとか言いだして、特別に注文してステーキを焼いてもらったけど、1人で何枚食うとったやろ。

選手はなんでもよう見ているからな。グラウンドでも、球場を出てからも……。監督が個人的に選手と食事するいうんは、やっぱり余計な感情を持たれることになるからな。グラウンドで誰かに声かけるだけでも、おれには何も言うてくれんかったとかなるんよ。頑張れよって選手に声かけるのも、ユニホームを脱いでからが初めてのことやった。

あれは悔し涙よ

1回目の阪神の監督を辞めたオフになって、初めて選手とは食事する機会が持てた。

２００８年の10月20日や。中日とのクライマックスシリーズに負けて、これが監督として最後の試合になった。最後の試合やけど、クライマックスシリーズやったから、勝ったらまた試合がある。

だから最後の試合というても、何もセレモニーとかの予定はなかった。試合が終わって、選手食堂でひと言言うて、球団職員から花束もらって、これで終わったなと思って監督室に入った。

シューズを脱いで、ユニホームのボタンに手をかけたときやった。ドアがコンコンとノックされた。当時の選手会長・赤星憲広やった。

「監督、みんなが待っています。もう一度、グラウンドに出てください」

「いや、もうええよ、靴も脱いだし、ユニホームも……」

「選手だけじゃないです。お客さんが、誰も帰りません。岡田コールが止みません。もう一度、ユニホームを着て、シューズを履いてください」

グラウンドに出ると、選手が花道を作って待っていてくれた。マウンドで、胴上げしてくれた。お客さんの岡田コールも……。涙が出た。

翌日の辞任会見で、涙の訳を聞かれた。

「悔し涙です」

予定になかった胴上げをしてくれた選手の気持ち、試合が終わってからも帰らずに、ずっと待っていてくれたお客さんへの思い……。だからこそ、優勝できなかった悔し涙よ。悔し涙で、29年間のユニホーム生活が終わった、そのことを心に刻み込んだ。

胴上げが終わって、選手一人ひとりと握手した。球児にはこう言った。

「最後、お前で終われてよかった」

試合は0対0のまま9回に入った。おれは迷うことなく、無失点の岩田稔から球児に代えた。

最後は球児。

監督として、当たり前の決断やった。どんな展開だろうと、どんな試合になっても、最後は球児。当たり前のことよ。球児は最後、全部直球を投げて、中日のT・ウッズにホームランを打たれた。

フォークを投げていたら、T・ウッズは空振りで三振してたやろね。そんなん、球

2008年 CS ファーストステージで敗れ監督を辞任するも、打たれた藤川には、「最後、お前で終われてよかった」との思いしかなかった

児も分かってるよ。だけどフォークは投げなかった。直球を投げた。いつでもいけるのに、フォークは投げなかった。真っ直ぐは、いつでもいけへんよ。

直球を投げ続けるんは、勇気のいることよ。それができるから、球児は日本一の抑え投手になった。本人の力よ。それを監督が認めてやらんと、日本の野球はダメになる。プロ野球の本質なんやから、これは……。

おっさんの飲み会

胴上げが終わって、監督室でユニホームを脱いで、帰りは付き人が運転した。もう1人、早稲田の後輩も一緒やった。トランクには、球団からもらった花束……。そのまま3人で、球場近くの居酒屋に立ち寄った。

カウンターに座って、焼酎を飲んだ。

携帯が鳴った。画面を見ると「金本」と出ていた。

「おう、どないした」

「岡田監督、いろいろお世話になりました。ついては〝おっさんメンバー〟で、改めて監督を囲んだ飲み会をしますんで、ぜひ参加してください。それとよければ、奥さんも一緒に来てもらってください」

「そうか、行かせてもらうわ」

家に帰って嫁さんに聞いたら、行く行くって言うから、そうすることにした。

約束の日、金本が配慮して、自宅に車を回してくれた。行き先は西宮のふぐ料理店。玄関を入ると、おっさんメンバーが待っていた。

金本知憲、矢野輝弘、下柳剛、桧山進次郎、赤星憲広、藤川球児、鳥谷敬。

思い切り飲んだ。嫁も飲んでた。どうやって家まで帰ったのか……。朝起きたら、おれのヒジのところが傷だらけ。どこかでひっくり返ったんやろな。

この顔ぶれで、ああして記憶がなくなるくらい飲むことなんて、もう二度とないかもしれんなあ……。

「おれ、あしたゴルフの予定が入っているから、朝が早いんや」

何度か言った。

「じゃあ、おれたちもゴルフに行きますから、心配せず、朝まで飲みましょう」

桧山が答えた。結局、誰もゴルフには来んかった。あとで新聞見たら、次の日はみんな甲子園で汗流しとった。

新井におごってもらった

おっさんメンバーのときに1人、いるべき選手がいなかった。新井貴浩。そのことを、新井はずっと気にしとった。

「自分も当然、岡田監督にはお礼を言いたかったんです。飲み会のメンバーに入れてほしかったんですけど、金本さんに『お前はやめとけ』と言われました。自分でも、そうすべきだと思って、遠慮させてもらいました」

08年、優勝できんかったんは、新井は自分のせいやと、自分を責め続けてたからなあ。夏に北京五輪に行って、腰を骨折して帰ってきた。残りの試合は、ほとんど出場できんかった。

オフになって、人を通してこんなことを言ってきた。

「自分のせいで、優勝できませんでした。責任を感じて、飲み会には顔を出せませんでした。そのことがずっと気になっています。もし来年のキャンプに、評論家として取材に来られるなら、そのときにぜひ、おわびとお礼の意味を込めて食事をさせてください。もちろん、ぼくがおごらせてもらいます」

ぼくがおごります、とわざわざ言うところが、新井らしいわ。おわびやお礼はええけど、喜んで食事はさせてもらうと伝えた。

約束通り、2月のキャンプで取材に行ったおれを、新井が招いてくれた。沖縄のチーム宿舎から近い、隠れ家的なステーキハウスやった。

「考えてみれば岡田監督と、こうして食事の席でゆっくり話しさせてもらうのは初めてですね」

そんなもんよ。一緒のチームにいても、お互いにユニホームを着ている間は、監督と選手という立場で、酒を酌み交わしたりはできんもんよ。このときは新井らしく、熱心にバッティングのこととか質問してきたなあ。

まだキャンプは始まったばかりやった。ただ打順については、08年の三番から五番になると、真弓監督からおれも聞かされていた。

「今年は思い切って、ホームランを打つ打撃をしてほしい。三番だとどうしても、四番の金本につなごうという気持ちがあったやろ。左方向へ、レフトへホームラン打てる力があるんやから、今年は思い切って引っ張ったらええ。それがお前の魅力やしな。オープン戦の最後で気分よく、レフトのポール際に放り込んで、今年はこれでいくって感じで仕上げたらええ」

「分かっています。自分でもそう思っていました」

そんな話をして別れた。初めて、選手におごってもろうたわ。


2009年シーズンが始まり、解説席でアナウンサーに聞かれた。ケガの影響もあってなかなか調子の上がらなかった新井がタイムリーヒットを打った。

「必死で食らいついた、素晴らしいヒットでした。新井が気持ちで打ちましたね」

少し考えて、おれはこう答えた。

「いや、はっきり言って、クリーンアップの選手に必死で食らいついて打った、という表現は嫌いです。クリーンアップを1年間打つような選手は、当たり前に、普通に打たんとあかんでしょ。プロなんやから。一、二番や下位を打つ選手は、必死に食らいついていてという打ち方でええですけど、クリーンアップはそんな打ち方ではあかんと思います」

おれの言いたいことは、新井なら分かったはずや。金本だって、そうやって、そう思って、普通に見せて、打席に立っとったと思うよ。それがクリーンアップよ。

守護神・球児を垣間見た宮崎の夜

2009年、宮崎でWBCの合宿があって、デイリースポーツの紙面企画で当時の日本代表・原辰徳監督と対談した。その夜、宮崎で球児から連絡が入った。

「夜は別の人と食事をする予定があるんですが、早めに切り上げて岡田監督のところに合流します。岩田も連れて行きますから、場所を教えてください」

知り合いと食事をしているところに、球児と岩田が合流してきた。

「遅くなってすみません。待たせてしまって申し訳ありません。ほれ、岩田そこに座らせてもらえ」

別の席を切り上げてきたのに、まず球児は謝った。岩田も隣で正座して、頭を下げている。空気を読んで、すぐに対応できるのが球児らしい。岩田はなんのこっちゃ分からんかったやろけどな。

大胆な激しさの一方で、繊細さを持ち合わせる。それが抑え投手の条件やろ。ある意味臆病でないと、最後の場面は任せられない。怖がるからこそ、あの直球が投げられるんや。

球児とはビールで乾杯した。岩田はウーロン茶や。ずっと糖尿病を抱えて、体調をコントロールしながら野球をやってる。ビールなんかでも、厳密に計算しながらでないと口にできんのやろ。

自分でインシュリン注射もせんとあかんしな。試合中でも、マウンド降りてロッカーに駆け込むことがあった。大変やと思う。それでも自分で管理するしかないし、まあこの日もずっとおれらの話を聞くだけで、ほとんどしゃべらんかった。

グラウンドだけやないよ、選手を見るのは

宮崎のWBCの合宿には、何万人もの観客が見に来ていた。ホテルから球場に行く道が1本しかないから、大渋滞やったな。

おれはこれが嫌いや。車は前に進むためにある。車に乗っているのに、じっと停まってたらおかしいやろ。だから赤信号も嫌いや。裏道を行く。早めに行く。

遠征のときに集合時間に遅刻するヤツの気が知れん。車が混んでましてって言い訳するヤツもおるけど、そんなもん想定しとけっちゅうんよ。

おれは必ず集合時間より、30分ぐらい早めに着くようにする。早めに着いて、近くで時間をつぶす。そして集合場所には何食わぬ顔で、ぴったりの時間に行く。どんなときでもあたふたしたところは見せない。

あるとき甲子園から、新大阪までタクシーで移動した。道が混む時間やったから、

裏道をあれこれ教えて走ってもらった。

「時間通りに着きました」

タクシーの運転手さんが、うれしそうに言った。あれっ、どこやここは。どうみても十三《じゅうそう》の駅前よ。

「ここ、十三やろ。行き先は新大阪やで」

「すんません」

なんでか知らんけど運転手さん、慌ててしもうて新大阪と十三を聞き違えていた。このときだけやな。集合時間ぎりぎりに着いたのは。

だいたい練習中でも、フロントの人間は絶対に走るなと言うんよ。練習中に広報やトレーナーがばたばたと走ってみいな。これは何か異常事態やな、緊急事態やぞ、誰かがケガでもしたんと違うかと、周りに教えるようなもんや。

グラウンドにいる監督のところへ、ドタバタとフロントの人間が走り寄ったら、記者連中はすぐに何かあったぞ、と取材するがな。相手にも知らせるようなもんよ。みんなが見てるんやからな。こんなん、阪神では当たり前のことよ。グラウンドはもちろん、グラウンド以外でも常に誰かに見られとるんよ。

だからおれは練習中でも、ちゃんと帽子をかぶれ、ユニホームを着ろと言う。おれがやっていたときの阪神では、帽子かぶらんかったり、Tシャツで練習したり、そんなヤツはおらんかった。

よその球団から来た選手が、阪神ではいつも手を抜けないと、最初にびっくりするのはこれよ。練習のときから、見てる記者の数が違う。キャンプでも、観客席が埋まって、やじが飛んだり、「六甲おろし」まで歌うんやからなあ。

そらオリックスやったら、スポーツ紙の担当記者でも各社1人や。阪神は担当だけと違うて、遊軍やら解説委員やら評論家担当までいて、スポーツ紙は各社10人くらいの記者が常におるもんなあ。

OBが強い阪神を築き上げていくのが理想

今読み返してみると面白いもんやなあ。その後、金本は阪神で監督をしたし、新井は広島に戻り、今は監督としておれと戦っている。球児、鳥谷、赤星、岩田は、それぞれが違った世界で頑張っている。

いずれも将来は阪神で指導者になってほしい。やはりOBが監督、コーチとして強い阪神タイガースを築いていくのが理想だろう。ただ現時点ではみんな自分の生活があり、生き方もある。

次の監督を決めるのはおれの仕事ではない。引き継げるための準備と、土台は残したいとは思うけど……。

第三章

「道一筋」から「球道一筋」へ

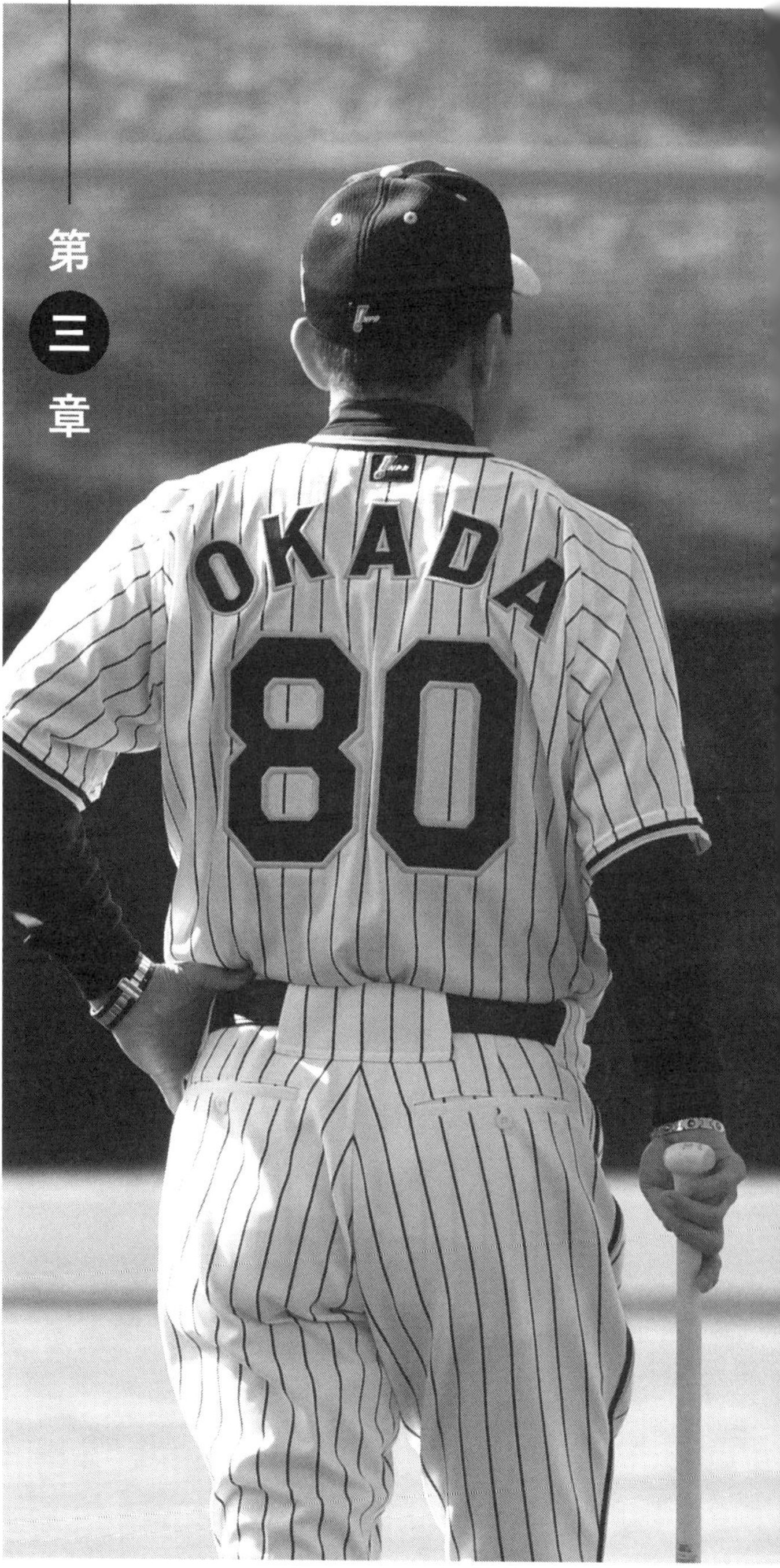

「道一筋」に託した思い

サインを求められると必ず「道一筋」と書き加える。２００４年、初めて阪神監督となったときから、自らの監督人生を「道一筋」という言葉に託した。座右の銘は二代目ミスタータイガース村山実さんのものをいただいた。

村山さんのサインが大阪・玉造の実家に飾ってあった。そこに「球道一筋」という文字が添えられていた。居間というんか、毎日見えるとこにあったから、子どものころからずっと、球道一筋という言葉が頭の中にあったんよ。

親父がタイガースの選手の面倒を見ていた。どちらかというと若い選手や、裏方さんを連れて食事したり、応援していた。そんな関係やから、村山さんにもサインをもらっていた。

村山さんは負けず嫌いで、誰よりも阪神を愛した人やと思う。通算２２２勝。「球道一筋」と呼ぶにふさわしい野球人生やった。引退試合ではまだ子どもやったおれが、キャッチボールの相手をした。

そんな縁から尊敬する村山さんの言葉を使わせてもらった。そのままでは失礼なので、球を外して「道一筋」とした。球には王の字がある。監督となって最初から王という言葉を使うのはおこがましい。あくまで王の道を求めるという姿勢でいたい。

自分なりに野球の道一筋に生きてきたつもりや。日本一になって村山さんは、心から喜んでくれたと思う。2024年、1月1日から色紙には「球道一筋」と書かせてもらっている。村山さんも認めてくれるはずや。

「はじめに」にも少し書いたが、2024年は嫁さんと、オーストラリアで迎えた。日本人の観光客は、ほとんど行かないような田舎街で過ごした。ゴルフしたり、まあ多少はのんびりできたかな。

だから新年に初めて「球道一筋」と書いた色紙は2枚だけやった。オーストラリアで書いた2枚は、値打ち出るで。どっちにしても「道一筋」と書いた日から決めていたことや。監督として日本一の頂点を迎えたときに初めて、道一筋に球の字を添える。「道一筋」を「球道一筋」と書ける日を目指して、おれの阪神の監督人生は始まったんや。一筋の道をたどる阪神監督としての旅。これだけは言える。おれと村山さんの最大の共通点が、阪神タイガースの大ファンやということよ。

１９８８年、吉田監督からバトンを受けて二度目の監督をしたときの村山監督は、52歳やったんやなあ。今のおれよりはるかに若い。そのときおれも選手で、まだ30歳やった。村山監督を囲んでいたトラ番も、おれと同年代やったなあ。

「トラ番も戦力や」の元祖は村山さん

忘れられん話があるわ。当時の村山監督は、ことあるごとに「トラ番も戦力や」と言っていた。「トラ番も戦力や」と言ったのは星野監督ともう1人、村山監督なんよ。移動が新幹線のときは村山さんとトラ番で、食堂車を貸し切りにしていた。村山さんは飛行機移動が好きやから、空港ではラウンジの貸し切りよな。「おう、オカも入れ」と食堂車やラウンジに入れてもらって、おれも一緒にビールを飲んでたわ。

監督就任直後には「ユタカ（江夏）もブチ（田淵）もタイラ（藤田）も帰ってこい」

退任する村山監督に花束を渡す、当時選手会長の岡田（1989年）。座右の銘は尊敬する村山の言葉を引用したもの

とコーチ就任を呼び掛けた。「今からブチに会いに行く」と突然、甲子園の球団事務所から伊丹に向かった。羽田に着くと、ターミナルバスの中で「トラ番集まれ」と慌てて同行する記者を手招きした。

「ブチに入団交渉する。村山タイガースならいいが、阪神タイガースは嫌やと言うとる。あんたらトラ番からも説得してくれ」と言われてホテルの部屋までトラ番が通された。トラ番の説得は通じなかったが、今では考えられないよな。

村山監督はやっぱり阪神の、歴史に残る大エースやし、ピッチングと同じで感情むき出しの人やった。入団してからはブレイザー、中西、安藤、吉田、村山、中村と監督を見てきたけど、存在感ということでは村山さんは忘れられんなあ。

忘れじの「トラ番の自主トレ」

村山さんならではのエピソードは、まだまだあるわ。年が明けると村山監督は、「トラ番も、選手と一緒に練習せい」と言い出した。甲子園球場の夏は暑い。そして冬は、寒い……。それをトラ番にも身をもって体験させようというわけや。甲子園での合同自主トレ。1988年1月のことや。

おれら選手も合同自主トレで、そのころは全員甲子園に集まっていた。甲子園のベンチ前で、村山さんがトラ番を集めた。

「SSK、ちょっと来てくれ。トラ番全員にサイズ聞いてジャージを作ってくれ」

えー、ムラさん、何をするつもりやと、隣にいた選手たちがみんな注目した。

村山監督は契約していたスポーツメーカーの担当者を呼び、甲子園のベンチで約20人の注文書まで作った。翌日からそろいのジャージを着たトラ番の練習が、おれたち選手の隣で始まった。そら気になって、おれも見てたよ。

「じろうー、お前がトラ番コーチや」と当時フロントにいた上田次朗さんを呼んだ。

選手の練習するすぐ隣で、トラ番に号令が飛んだ。

「はい腹筋、いきます。イーチ、ニイー。わしこんなことするためにタイガース入ったんと違うんやけどなあ」

と上田トラ番コーチはぼやいてた。

不摂生を絵に描いたような生活をしているトラ番記者たちは、すぐに悲鳴をあげた。外野芝生で腕立て、腹筋。内野の土でダッシュの繰り返し。二人一組で背負いながらのアルプス登り。リタイアが続出した。

「もうついていけません」と倒れこむトラ番を、おれだけやなしに掛布さんや真弓さんも、笑って見てたわ。もう大騒ぎよ。取材に来ている甲子園でダウンしていては仕事にならない。練習禁止令を出す社まで現れた。

「寒い中で汗かいたら風邪ひくやろ。風呂に入れ」

驚いたことにトラ番専用に、村山監督が風呂を用意していた。甲子園の一塁ベンチ裏には、審判が使う岩風呂があった。それをトラ番のために沸かした。真冬の甲子園で汗をかき、熱い風呂に入る。

「ああ、最高の気分やなあ」と上気したトラ番が風呂を出るころには、取材すべき選手はもう1人も残っていなかった。おれらは選手の風呂に入って、とっくに家に帰っていた。「一緒に練習すれば、選手の気持ちも分かってええ原稿が書けるやろ」というのが村山監督の理屈やったけどなあ。

さすがにおれも監督として、トラ番に「選手と一緒に練習せい」とは、よう言わんわ。

甲子園が聖地である理由

日本のプロ野球選手に「日本一の球場は？」と聞けば、間違いなく全員が「甲子園球場」と答えるやろなあ。２０２４年には開場１００周年を迎える。１９２４年、甲子《きのえ》子年《ねとし》に誕生したから甲子園球場。武庫川下流の枝川と申川《さるがわ》を廃川とし、その土地を阪神電鉄が買った。現役球場では日本最古の球場だ。

蔦《つた》の絡まる外壁。天然の青い芝と、黒土の美しさが広がる。天を衝くアルプススタンドと巨大な外野席。内野席は銀傘に包まれる。六甲おろしが浜風となって吹き降ろす。球場へのアクセスは、阪神電車か阪神バスに限られる。試合があれば４万人を超える観客を鮮やかにさばく。

春夏の高校野球大会は、人知を超えたドラマを生み出す。野球選手の誰もが憧れる聖地・甲子園。プロに入ってからも、甲子園への思いが消えることはない。甲子園に出たか出なかったかは、プロ野球の選手になっても1つのステータスよな。

何度も屋根付き球場への改修が検討された。雨天中止がない。炎天下の試合も避けられる。出された答えは、真逆だった。天候に左右される。汗と涙の大舞台。だから高校野球の聖地なのだ。

評論家をしたからこそ分かった。監督をする2023年の前は、コロナもあってグラウンドには入れんかった。記者席で黙って、試合を見るしかなかった。だから余計に見ることに集中できたのかも分からんなあ。

すべての球場の記者席や、放送ブースに座った。甲子園だけが吹きっさらしなんよ。ネット裏の上段にあり、冷暖房完備のブースも甲子園にはない。高校野球のときには、各地からマスコミが来る。春の冷え込みも夏の灼熱も、高校球児の思いを記者席で共有するということやな。

守りの野球へのこだわり

2023年は「守りの野球」を掲げて優勝した。もともと投手力はある。それは評論家として見ていて分かっていた。守りの意識を持たせて、守備位置を固定すれば……と思っとったよ。

もう1つ、守りにこだわる理由は甲子園球場やから、というのも大きいよ。ドームと違って打球は飛ばない。風で押し戻される。そして広い。人工芝ではないから、不規則なバウンドもある。守りのミスが失点につながる。

阪神電鉄の生んだ奇跡の球場が、阪神タイガースの伝統も生み出した。日本一になった1985年もそうよ。吉田監督がこだわったのは守り、守備やった。特に内野守備への思い入れは半端なかった。

村山監督とはまた違う影響を受けながら、おれは吉田監督を見ていたよな。「足、あし、あしぃー」。吉田監督の口ぐせや。安芸キャンプのグラウンドで、朝から晩まで叫び続けてたわ。

内野守備への持論は、足を動かすこと。上体だけでグラブを操作せずに、下半身を使って打球の正面に入る。グラブは低く構え、打球の変化に備える。甲子園球場だからや。

黒土と天然芝。いくら整備しても、足跡1つでイレギュラーすることがある。キャンプ地の安芸にも、甲子園と同じ土を運んで芝を植えた。阪神園芸が船便でトラクターも持ち込んだ。甲子園と同じ仕上げにするためよ。

85年も「守り」で日本一

2023年は中野の二塁コンバートが優勝につながる采配と言われたけど、ちょっと違うんよなあ。それは第一章で説明した。ここでは、まずそこにつながる38年前の日本一、1985年の守備を振り返ってみる。

85年も真弓さんをライトに持っていって、遊撃に平田。おれはそれまで固定されてなかったのを、二塁でいくと言われた。やや事情は違うけど、2023年と似たところもある。

二塁岡田、遊撃平田に固定されたコンビ。キャンプの安芸で毎日、日が暮れるまで一枝修平コーチのノックを追った。ほんまに何回も何回も繰り返してると、お互い相手を見んでもトスして、ゲッツー取れるようになるもんよ。

おれは80年、早稲田からドラフト1位で阪神に入団した。早稲田でのポジションは三塁やった。もう古い話やから言うわ。

「阪神に来てくれれば三塁を空けるから」ということを当時の小津正次郎球団社長が、おれに漏らしたんよ。

ブレイザー監督が「ルーキーは使わない」と承知せず、小津さんの約束は実現せんかったけど……。三塁には掛布さんがいたからなあ。79年のホームランキングやから。

小津さんが何を言うても、掛布さんを動かせないことは、ルーキーのおれにも理解できたよ。結果おれは二塁から右翼、一塁へと固定されない状態が続いた。

85年の吉田監督はおれを二塁に固定し、真弓さんを右翼に回した。遊撃平田、三塁掛布さん、意外に器用な一塁バースとそろった。捕手には木戸。吉田さんがこだわった阪神伝統の「黄金の内野守備」が再現されたよな。

タイガース黄金の内野守備

「黄金の内野守備」こそ、甲子園球場の生みだした阪神タイガース最強の伝統よ。遊撃吉田、三塁三宅秀史、二塁鎌田実。9連覇につながる巨人・長嶋、王、広岡、黒江、土井、森という顔ぶれにすら一目置かれた。

1962年、1964年。阪神優勝の原動力は村山実、バッキー、小山正明という投手陣やった。驚異的な防御率を支えたのが内野守備。「ショートゴロ打たしたら、振り向くこともなかった」とエースの村山さんに言わせた。

捕るが早いか投げるが早いか。牛若丸と言われた吉田さんの守備。「早よう投げたいからボールが入る前に、右手をグラブに突っ込んでよう突き指しましたわ」と言うてた。あまりに早すぎて、一塁の遠井さんがベースに入るのが間に合わないくらいよ。

「ほんまです。よっさんが面白がってどんどん早く投げてきよる。しまいにわしは最初から一塁ベースについていてましたわ」

と遠井さんが言うてたらしい。

吉田さんが直接一塁に投げず一度、二塁の鎌田さんに投げてから一塁に転送したというタイガース伝説もあった。

「ああ、ありましたなあ。二塁に走者がいてちょろちょろするから、ゴロ捕ったよっさんに、こっちや言うて投げさせたんや。それからでも打者は楽々アウトにできたかならなあ」

と鎌田さんは言うてた。

鎌田さんもまたバックハンドトスを日本球界で初めて成功させた名手として知られる。近鉄に移籍すると「遊撃手がついていけない」という理由で、バックハンドトスを封印されたらしい。

「鎌田も早かった。競争ですわ。意地になって早ようにベースに入る。鎌田がいたから吉田がいた。吉田がいたから鎌田がいた、よう言われましたけど、その通りですわ」

と吉田監督も言うてたよ。

甲子園の試合開始前、初回の守備につくとき85年は投手以外、誰一人、内野の黒土を踏まんかった。黒光りする鏡のようにならされた土に、土足の足跡はつけられない。ファウルゾーンから遠回りして、芝生に入ってから守備位置に向かう。

おれもプレーボールがかかるまで、芝生でゴロ捕球をして黒土には入らんかった。金本が阪神に来たときは、とことこと平気で黒土を横切ってレフトの守備についてたけど。

当たり前よな。甲子園に対する畏敬の念。阪神タイガースの伝統が、85年に引き継がれた。そしておれの監督としての道は２００５年、そして２０２３年へと続いていった。

選手のとき以上に今は、人工芝と天然の球場との違いを感じる。人工芝で試合すると、おれは練習中にグラウンドで見ているだけやのに、夜中に足がつるんよ。それだけ下半身に負担がかかるんやな。歩いているだけで。甲子園のときは平気なんやけどなあ……。

二軍監督から見た野村監督

野村克也監督のときは、おれは二軍監督やった。二軍で監督してると、選手のいろんなことが分かってくる。やればやるほど分かる。支配下選手70人、育成を入れたら80人、全部がチームの戦力なんやからな。

2023年はまさに一軍ベンチだけでなく、二軍も含めたみんなの力で優勝したわなあ。若手の育成だけと違うよ。出遅れる選手や、故障者も出るんやから。二軍との連携とかいうけど、そんなん当たり前のことやんか。

けど一軍にいて、下からの報告ということで、この選手の調子がいいですと、それを単純に鵜呑みにしたらあかん。最後に決めるのは一軍監督や。

調子いいという報告が来ても、とりあえず数字やろ。でも、相手、内容、打ち方、細かいことまでチェックせんとあかん。それは二軍で監督したことで、そういうことが分かる。

数字だけでなく、旬の選手はこれやという見方やね。下から推薦があったから、はいOKじゃああかんのよ。報告の中身を自分の頭で考える、自分なりに調査する、そういう判断が必要になる。

もちろん監督によって、いろんな方法がある。野村監督が一軍で、おれが二軍監督のときは、はっきりしていた。

「速い球投げるのは誰や?」

「井川(慶)です」

「遠くに飛ばせるのは誰や?」

「濱中です」

おれは不思議やった。濱中はそのとき打率2割そこそこで、関本は4割を打ってた。どっちを推薦するって聞かれたら、そら4割の関本やわなあ。

ただそういう考え方もあるんやなとは思ったね。一軍で足りないもの。足りない戦力ということで、野村さんは、ああいう聞き方をしたんやろね。二軍でほとんど勝っていない井川、大して打っていない濱中を、そのまま一軍に上げた。

バットの握り方から教えたオリックス時代

日本シリーズでオリックスと試合する前におれは「こちらが挑戦者」と言うた。そら向こうはパ・リーグ3連覇してるんやで。当たり前やん。

実際試合しても「強かった」というんが、正直な感想や。でもおれが最初にオリックスの二軍助監督、打撃コーチをしたときはまったく違うメンバーやったからなあ。最初は1996年かなあ。

オリックスで二軍の打撃コーチをしたときは、そりゃあひどかった。2月1日、二軍のキャンプもスタートする。初日の夜間練習で選手を集めて、おれが何を教えたと思う？　最初に教えたのはバットの握り方よ。

プロとして考えられんわな。でもそれがまともにできてないんやから。振り方の前に、まず握り方。そこからスタートせんと、技術的なことなんか、できるわけないやん。

そらスタメンのうち8人が1割打者よ。高校から入団した選手が多かったから、おれがコーチする前の年に、2割打ったのが1人だけやった。

一軍は、イチローを中心に「がんばろう神戸」で優勝したとき（95年）やったから、強かった。一軍と二軍の差も大きかった。一軍は個々に能力のある選手ばかりやったし、ほとんど1年間はメンバーが固定されていた。

一軍は仰木彬監督で、試合の打順は日替わりやったけど、全体のベンチ入りメンバーは28人、ほとんど変わらんかったんと違うかな。

「調子のええのん、いてるか?」。そんな声すら、二軍にはかからんかった。かける必要もなかったということや。投手はまあまあやったから、ファームのウエスタンでのチーム順位は4位やったけど、ゲームで勝つ負けるのレベルまでいかんかった。

助監督という肩書きもあったから、二軍の根来《ねごろ》広光監督を補佐することも求められた。おれもよう投げたわ。室内の打撃練習場で、ずっとバッティング投手をした。

あれで今はもう、肩が痛くてキャッチボールもできんようになってしもうた。高校野球の新設校がゼロからスタートする、そういうときの監督みたいな感じやったなあ。

自分でグラウンド整備して、選手にはバットの握り方、ボールの投げ方から教えて。ほんま、手取り足取りよ。選手もおれに投げてもらいたいから、お願いしますって言うてくるんよ。

「ええよ、おれに投げてほしかったら、ギャラは缶ビール1本や。ビール1本持って来たら、いつでも投げたるよ」

ファームは朝が早いし、おれも神戸の合宿所に部屋を置いていた。冷蔵庫の中にはいつでもビールがあったから、選手が部屋に来て飲んだりしてたなあ。

岡田流の食レポを振り返る

2023年はシーズン中も、ほとんど外食はせんかった。甲子園のときは自分で運転していくから、飲めないし寄り道もできない。遠征でもこの歳になったら外に出て行くのはしんどいわ。

試合終わったらホテルで軽く食事するくらいよな。飲むのも自分の部屋で、たまにコーチを誘うくらいよ。そら酒も弱くなったわ。早寝早起きやな。オリックスのコーチ時代は元気よ。阪神の監督した前回もまだ40代やからなあ。全国の遠征先で食べて飲んで。日付が変わっても平気やった。

全国に行きつけの店もあった。今回はほとんど足を運べんかったし、10年ほど経って亡くなられた人もいる。店そのものが変わったり、もうやっていないところもあるわ。『オリの中の虎』は今流行りの「食べ物紀行」や「食レポ」もあるんで、当時の表現のまま残すわ。

お好み焼きは好きやなあ。大阪のもうまいけど、これが広島に行くとまたちょっと違う。何度も広島には行っているから、そのたびに広島焼きを食べた。大阪でいうモダン焼きかな。いや、これともちょっと違う。

まず薄くお好み焼きの皮というか、生地を焼いて、そこにキャベツを山盛りに乗せる。具を入れてひっくり返すときに、焼きそばも乗せて、卵の目玉焼きにかぶせる。これがそば入り、やね。うどんもあるけど、広島焼きにはそばが合う。ソースがうまい。お多福ソースいうんかな。

でもおれはお好み焼きの前に、生ビールのつまみとして、とんぺい焼きを頼む。おれはこっちが一番好きよ。阪神は高知県の安芸でキャンプするんやけど、そこのホテルにお好み焼き屋さんがある。キャンプ中には何度も顔を出すけど、とんぺい焼きを頼んだら、メニューにないと言う。

ないんやったら作ったらええやんと言うて、おれが鉄板で焼いた。そんなん簡単や。まず豚肉の薄いのを、鉄板で焼く。次に鉄板に卵を落とす。ただ落とし方にちょっとコツがあって、卵を殻のままポンと鉄板に落として割る。

殻だけそっと取り除く。半熟になったところで、コテを使って薄く広げる。ここに豚を乗せる。味付けは塩こしょうと、最後にお好みソース。単純やけど、卵の焼き具合に微妙な手加減がある。大阪ではどこにでもあるけどなあ。生ビールのつまみに最高よ。何枚でも食える。

お好み焼きを食べる前の、ちょっとしたつまみやね。店の人も食べて、うまいうまいと言う。新メニューとして出したいということになって、おれがメニューに「道一筋焼き、500円、タイガースキャンプ期間中限定」と張り出した。飛ぶように売れた、らしい。

監督専用席があるお好み焼き屋

広島には「元祖へんくつや」という行きつけのお好み焼き屋がある。村山実さんの時代から、阪神の選手が行きつけにしてた。昔は日本旅館のようなところに泊まっていたから、試合が終わると若い選手は「へんくつや」へ、買い出しに行ってたらしい。

おれも監督になってからは、裏方さんを全員連れて行った。人数が多いから貸し切りにしてくれて、おれ専用のイスもあった。

鉄板を囲む席やから、丸イスやわなあ。それでおれがあるとき「腰、痛いわ……。もたれるとこもないようなイスに、何時間も座らされたからなあ。お好みはうまいんやけど」って、雑談したのをあるスポーツ新聞の記者が原稿に書いた。

次のときに「へんくつや」に行ったら、背もたれのあるイスを店の奥から出してきた。「監督さんがあんなことを記者さんに言われていたんで、岡田監督専用のイスを用意しました」。お好み焼き屋に専用のイスを持っているプロ野球の監督なんて、おれくらいやろ。

オリックスの二軍でコーチをしてたときの合宿所は、明石にも近い。明石と言えば、そら「明石焼き」やろ。

これはたこ焼きなんやけど、大阪でいうところのたこ焼きとはちょっと違う。中に入っているのはタコだけ。そら明石やから、本場もんのうまいタコやで。

卵をといた、ふわっとした生地を丸く焼いて、中にタコを入れる。仕上がりもたこ焼きと違うて、ふわっとしたまま。焼けたら独特の斜めになった滑り台のような板に、2列に並べて置く。

それを、だし汁で食べるんよ。三つ葉を散らして……。神戸の合宿にいたときは、明石方面に行きつけの店があった。ここの明石焼きは、うまかったなあ。おれはもともと猫舌で、熱いもんはあかん。けどこの明石焼きだけは、熱いまま、熱いだし汁につけて食べた。

岡山はカレイの塩焼き

　東京にも行きつけのお好み焼き屋さんがある。チームの宿舎から近いんで、赤坂で食事することが多かった。赤坂やから、お好み焼きというよりは鉄板焼きの店で、最後はもんじゃ焼き。おれは関西のものも東京のものも、平気で食べる。

　赤坂で明石焼きの店も発見した。明石焼きって看板があったから飛び込みで入ったんやけど、なかなかうまかった。東大阪の人がやってるんやな。

　ユニホーム着ているときは、1年の半分は遠征やから、各地でうまいもんを食べるのが楽しみになる。ただ試合が終わってからやと、どうしても時間が遅くなる。遅くまでやっていて、気を使わず過ごせる、そういう店やからやっぱり限られてくるわなあ。

　球団フロントの人やコーチ、ときにはマスコミの人と一緒のこともある。もちろん野球とは関係のない知り合いや、学生時代の友人と行くこともある。試合のあとというんは、おれは関係ないと思っていても、周りはやっぱりその日の試合結果によっては気を使うんやろなあ。

野球の話をすることもあるし、まったくしたくない夜もある。そのへんを分かってくれる店でないとなあ。

横浜は牛タンの店。学生時代には1人で12枚食べたという店の記録を作った。今はもうそんな食べ方はできんし、どちらかというとギトギトしたものより、もっとあっさりした和食なんかのほうがええなあ。

それでも名古屋には、すっと食べられるギョーザ屋さんがあるんよ。ここも最初に行ったのは、オリックスのファーム時代やなあ。老夫婦2人でやってて、カウンターだけの小さな店。注文してからギョーザの皮を包んで焼いてくれる。

だから柔らかくて、ふわっとした食感で、食欲がないときでもここのギョーザは食べられる。夏場にしんどくて、何もノドを通らんときも、知り合いに頼んでここのギョーザを買ってきてもらったことがある。名古屋のホテルの部屋で、このギョーザだけを食べた。

岡山の遠征も、年に何度かあった。岡山に行けば、店は決まっている。居酒屋で、ここでいつも注文するのはカレイの塩焼き。大好物やな。これさえあれば酒が飲める。酒というても今はまずビール、そして焼酎のパターンやな。親父が好きやったんよ。カレイの塩焼き。いっつもこれを食べてた。食べ物の好みも、遺伝するんかなあ。岡山やから、デザートで桃が出てくる。岡山名物やというけど、おれの前には出てこない。桃は嫌いや。なんかねばっとした、どろっとした、そういうものは、おれは食べない。

一卵性親子と言われて

食べ物だけと違って、おれは親父からはいろんな影響を受けた。おふくろ（サカヨさん）は「一卵性親子や。いつも一緒。わたしだけが留守番してた」と言うとったけど、子どものころから何をするのも親父と一緒やった。

野球を始めたのも、親父のやっていた紙加工の工場の職人さんたちのチームに入れてもらったんが最初よ。職人さんには競馬に連れて行ってもらったりもした。そら子どもやから、まだ馬券は買わんかったけどな。

親父を見て育った。人の生き方や考え方、仕事、お金、遊び、野球、全部どこかで影響はあったやろね。阪神との関わりも、親父がタイガースの選手の面倒を見てたから、生まれたときから周りに阪神の選手がいたからなあ。

昭和39年、1964年に阪神が優勝したときには、大阪のミナミで親父が祝勝会してたりした。大阪の芸人さんとの付き合いもそうやし、自然に自分の人との付き合い方みたいなもんが形成されとったんかなあ。

選手の面倒を見ていた親父やけど、どちらかというとスター選手じゃなくて、苦労している選手や裏方さんに目をかけていた。それはずっとおれの生き方にも残っている。

親父が亡くなったんは86年9月3日。阪神が日本一になった翌年やった。ずっと体を悪くして入院してた。入院している病室に、喫茶店からビールを出前させるような豪快なところがあった。

阪神の日本一もそうやけど、早稲田の合格が決まったときも喜んでくれたなあ。親父と2人で、合格発表を見るために東京へ向かっていた。すると新幹線の中で、車内放送の呼び出しがあった。

合格という知らせが一足早く実家に届いていて、それを新幹線への電話で伝えてくれた。「合格や」。新幹線の中で親父と2人、乾杯したのは忘れられへんなあ。

亡くなったときは横浜へ遠征中で、試合もあるからとんぼ返りするつもりやった。親父に別れを告げて、伊丹空港に行った。そしたらロビーで、呼び出しがあった。携帯電話のない時代やから、館内放送で呼ばれた。電話に出ると、阪神のマネージャーからやった。

「ああ、オカ、大変やったなあ。今日の試合は雨天中止やから、横浜に帰ってくる必要はないぞ。実家でゆっくりしたらええからな」

それでまた玉造の実家に戻った。葬儀の段取りとかいろいろしてて、夜になってテレビを見た。そしたら横浜の阪神戦をやっていた。吉田義男監督の気遣いやということが分かった。

おれの性格知っているから、どうせとんぼ返りで横浜の試合に戻って来るやろ、でも今日くらいは親父さんと一緒にいろと、そういうことやったんやと思う。

吉田監督の采配に学ぶ

吉田さんいうのは、そういうところがあった。不器用な人やから、監督しているときはそんなにペラペラしゃべることもなかった。それでもこうと決めたら変えない信念とか、選手に対して見せる男気というか、意気に感じさせる、そういう采配をする人やった。

84年に外野をやらされていたおれを、監督に就任した直後の85年に「岡田はセカンドでっせ。日本一の二塁手になれまっせ」と言って、セカンドにコンバートした。秋季練習からずっと、その信念は変えずに使ってくれた。

なんかあとで聞くと「岡田はフライ捕るのが下手ですからなあ。あんな下手なんに外野手はやらせられませんがな」と言うてたらしいけど……。

2009年、8月21日の広島戦で、テレビの解説をしていたときにおれはこんな話もした。先発の能見篤史が、2回に7点取られた。チームの置かれている状況から見れば、この試合、そして次の試合と、総力戦で勝ちにいくしかない。

能見は2回で見切って、仕切り直させるべきやった。それで翌日の22日に、もう一度先発させる。これは85年に吉田監督が使った手なんよ。

22日が先発の谷間ということもある。それより何より、能見自身に、チーム全体に「よしっ」という雰囲気を作らんと……。実際には真弓監督は5回まで投げさせて、翌日の先発は阿部健太やった。

85年は優勝が近づいた10月に、中継ぎで打たれた池田親興を翌日に先発させた。3連投になった池田は、それを意気に感じて完封した。

そらチーム全体が「これで優勝できる。優勝や」という空気になるわなあ。吉田さんは中継ぎの福間納さんにも、同じようなことをした。

ピンチで中継ぎした福間さんが巨人戦で原に打たれた。すぐ次の試合で、また同じ場面で原を打席に迎えたときに、吉田さんは今度も福間さんを投げさせた。そら必死

採配で、そしてグラウンド以外の場面でも、選手を奮い立たせるという気持ちを持っていた吉田義男監督

で抑えるわな。

采配で、そしてグラウンド以外の場面でも、選手を奮い立たせるという気持ちを、吉田さんは持っていたよな。最下位になって辞めた87年も、退団の決まった記者会見で「これは解任でっか、辞任でっか」と記者の前で聞いたらしい。

球団とすれば、辞任ということできれいに幕を引きたい。しかし吉田さんにも意地がある。クビを切るなら切れと。フロントの人間が仕方なく「解任です」と言った。言わせた吉田さんが納得してうなずいた、と聞いた。辞め方は人それぞれやと思うけど、吉田さんらしい話やなと思う。

オカ、なんでキャッチャーやっとんや

話し戻そか。そうそう、オリックスの二軍コーチ時代よ。バッティングピッチャーだけやなしに、おれはバッティングキャッチャーもやってたって話よ。

キャッチャーもしたよ。あるときの地方遠征で、阪神と試合した。兵庫県の春日町

やったかな。新球場のこけら落としやったと思う。オリックスの練習中に、阪神のコーチ陣がおれを探しとった。

ベンチやロッカーや、グラウンドの中見ても、そんなんおれがどこにおるか、分かるわけないやん。打撃練習のケージの中で、キャッチャーして座ってたんやもん。

「オカ、なんでキャッチャーなんかやっとるんや」

阪神の二軍コーチに、そう言われた。あんたらに分かるか、と思うた。けどオリックスでは当たり前よ。トンボ持って、グラウンドをならすことからコーチの仕事よ。阪神みたいに何もかも、二軍でも恵まれた状況でやっとるんと違う。

「なんであんたらは知らん顔しとるん。グラウンド整備するんも、コーチの仕事やぞ」

阪神に戻ったときに、コーチ陣をしかったこともあるわ。

オリックスの二軍では、遠征に行くコーチの数も限られていた。人が足りんというのもあったけど、キャッチャーの位置から見てて、いろいろ打者に声をかけるということをしていたわけよ。

オリックスの二軍では、そんな繰り返しの1年間やった。けど1年目は4位で、2

年目はウエスタン・リーグで優勝した。
4位から優勝。これはおれの持論やけど、最も優勝できるパターンよ。

4位くらいがちょうどええ

前回、阪神の一軍監督としての1年目、2004年が4位で翌年に優勝した。阪神での星野監督も1年目が4位で、2年目に優勝。ヤクルト時代の野村監督なんか、4位と1位の繰り返しやった。

2位とか3位のほうが、次は優勝のチャンスと思うけど、そこそこ健闘した感じやから、なかなか戦力を変えられない。4位くらいがちょうどええ。そこそこの戦力はある。気持ち的にも、優勝に手の届く感じがする。その一方で、足りない部分の戦力は思い切って変えられる。

オリックスの二軍のときは、選手が勝つ喜びを知ったというのが大きいわな。自分が打って試合に勝つ、自分が抑えて勝つ、それを知ると急激に選手がうまくなる。それまで技術がなかったから、余計に伸びしろが大きい。

97年のファーム選手権、日本ハムとの試合やった。若い選手の何人かは、アメリカの教育リーグに行ってしまってた。場所が沖縄の宜野湾球場やし、ベンチ入りの野手は11人くらいやった。

ファームといえども、一応日本一を決める試合やし、こんな少ない人数でええんかなあって感じやった。おれも三塁コーチに出て、ブルペンにもコーチ、選手が行くから、試合中のベンチには座っている選手もいない。まるで部員の足りない高校野球ちゅう感じよ。

全員でやっと試合をした。ピッチャーが戎《えびす》信行で、最後にサヨナラ本塁打を打たれて0－1で負けたけどなあ。そのときにいたメンバーはみんな、一度は一軍に上がっていった。

ウエスタンで優勝しても、球団としては何もなかった。阪神やったら、合宿所の食堂で「カンパーイ」くらいするんやけど。オリックスのときはおれが自腹で、選手を神戸・三宮の焼き肉屋に連れて行った。

「みんな、ご苦労さん。今日は、焼き肉やけど、思い切り食べてくれ」

若い選手ばかりやから、そら食べる、食べる。場所を移して、おれを応援してくれていた人のやっているスナックにも連れて行った。

相撲取りともよう飲んだ

2023年はおれも65歳。そらもう若いころのようにはいかんなあ。シーズン中は甲子園のときでも飲み屋街、キタの新地にも行かんかった。地方でもほとんど宿舎のホテルで食べてた。

『オリの中の虎』はおれがまだ40代のころの話。亡くなられた方も多いけど、そのころ親しくさせてもらった人たちも登場してもらっている。「食リポ」の次は「交遊録」も振り返ってみよう。

オリックス時代の三宮では、現役の相撲取り時代の武双山（現・藤島親方）や小錦と飲んだこともある。武双山のところに電話が入った。

「岡田さん、すみません、仲間の力士が暴れているらしいんで、ちょっと行って来ます。わしが行かないと、誰にも止められません」

そらそうやろ。すぐ行ったれと言うた。

横綱だった武蔵丸とは、大阪に共通の知り合いがいて、何度も飲みに行った。結婚披露宴にも出席した。今でもごつい体しているけど、物静かで、頭の回転も速くて、いい男や。

披露宴には吉本のチャーリー浜さんや、パチパチパンチの島木譲二さんらも来ていて、なかなかおもろかった。みんな現役時代からの古い知り合いやった。

千代の富士さんにも、飲み屋でびっくりさせられたなあ。そらもう強い。一流のクラブのようなところで、ぐでんぐでんになったあと、さっと札束を切ってな。まあこれが横綱の飲み方なんかなあと思うた。おれら野球選手が、これで帰るとなってからも、こちらはまだあと一軒行きますからって、やはり相撲取りの飲み方は、桁が違う。

馬場さんのゴルフクラブ

プロレスでは、ジャイアント馬場さんやアブドーラ・ザ・ブッチャーとも付き合いがあった。おれは今でも、格闘技とか相撲とかは大好きや。

阪神時代の後輩に金子誠一いう外野手がいた。身長191センチ、体重110キロで、体はプロレスラー並みやった。腰痛で苦しんでたんやけど、オフにゴルフをした。どう見ても、体の割にクラブが短かすぎる。でかい体をかがめて打っているから、そら腰を痛めるわなあと思った。

「馬場さんに、2メートル以上の人でも楽に打てるゴルフクラブないか、聞いてみるわ」

馬場さんに相談すると、

「じゃあ、おれのクラブを送るよ。別注品だから、大きな人でも大丈夫だと思うよ」

金子は、もう馬場さんのクラブは使っていないけど、家宝にしているらしい。

「馬場さんのクラブなんて、もったいなくて使えませんよ」と言っている。
武双山とは今でもラウンドするよ。お相撲さんはやっぱりパワーがある。武双山なんかでも、バックスイングはひょいと上げるだけで、クラブが折れそうなくらい打ち込むからなあ。それと意外に器用で、みんなうまい。

おれにとっては止まっている球を打つより、動いているボールを打つことのほうが簡単やからなあ。ユニホーム着てないときは、プロゴルファー並みにラウンドしてたけど、えらいもんで2022年のオフに、阪神監督の話が来てからはゴルフ熱もすっと冷めたなあ。

野球をやっていないときもどこかで体を動かしたい、クラブを振りたいという欲求があったんやろ。ところがグラウンドに戻るとなると、クラブよりバットやわなあ。バットというても軽いノックバットやけど。自分でノックすることはほとんどないけど、とんとんと杖代わりやなあ。ゴルフ場と違って、やっぱり球場に立つと下半身にこたえる。

２０２３年のオフはイベントやハワイの優勝旅行で、何回かゴルフもした。もう執着心もないし、ゴルフの内容はボロボロよ。１年やってなかったら、まともに当たらんわ。それでもスコアは１００もたたくことはないけど。

若い選手もこの機会にみんなゴルフを始めた。特徴が出るわなあ。いきなりゴルフセットを買って、翌日の球団のゴルフコンペで初ラウンド。それで門別なんか生まれて初めてゴルフしてニアピン取ってたわ。そういうセンスがあるんよ。

かと思うと大きな体でクラブ振り回してもまともに当たらんやつもおる。そら野球の球にバットが当たらんのやから、あんな小さいゴルフボールにクラブは当たらんやろ。誰とは言わんけど……。

ブランコに乗って作戦考えた

どうやったら勝てるやろとか、野球いうのはどういうゲームなんや、といろいろ頭を使って考えるのが好きやった。今でもナンプレいうんかな、数字のパズルとかは大好きよ。

野球は、相手より1点でも多く取ったら勝てる。どうしたら点を取れるか。おれは小学生のときから、家の近くの公園で考えてた。ブランコに乗って、野球の作戦をずっと考えた。

だから、前に「この作戦はどこで考えたんですか？」と聞かれたとき、「ブランコの上」って答えたんよ。

前回、阪神の監督を辞めたあと、2009年はいろんなところで講演を頼まれた。大企業の偉いさんが集まる場もあったし、小学生の野球教室もある。ユニホーム着ているときにはする気がなかったけど、断れないことも多いしな。

ある8月の京都で、小、中学生に話をする機会があった。おれの子ども時代のことを話してほしいと言われたので、こんなことを話した。

本格的に野球を始めたのは、小学5年生のとき。子どものときから阪神ファンやったけど、そのころは阪神には子どものチームがなかった。実家が大阪の玉造で、近くには南海ホークスがあった。

南海にはリトルホークスという少年野球のチームがあって、そこに入った。それで小5のときに大阪球場の左中間にホームランを打ったいうのが、まあ最初に野球の面白さを知ったときやったね。

原点というか、もっと最初は、1人でカベにボールをぶつけて、そんなとこから始まるんやけど、野球は団体競技やということやね。9人だけやなくて、うまい人、下手な人、野球は助け合いのできる競技やというのが、一番の面白さなんよ。

例えばキャッチボール1つにしても、ワンバウンド投げても、相手がちゃんと捕ってくれれば、カバーできる。ミスを助けられるいうこと。

ホームラン打ったとき、そら自分が一番うれしいけど、みんながうれしい。チームに得点が入るんやから、みんなが喜ぶ。ベンチのみんな、観客席の友だちや、お父さんお母さん、おじいちゃんおばあちゃん。1人の力でみんなを喜ばせることができるのが野球なんや。

そんなん、今だから分かることで、今になって言えるんやけどね。やってるときは自分のことだけで必死やった。けど高校野球で甲子園に出る、プロ野球の選手になる、すると学校全体、父兄、みんなが楽しくなるってことが分かった。

高校野球やったら、みんながアルプス席へ応援に行ける。自分だけと違って、周りの人がすごい体験をできる。野球いうんは、みんなを喜ばすことができるもんなんや。それは大人になって気が付く。今は、へえそうなんかと、それくらいに思うとけばええことなんやけど。

心より技よりも「体」

心技体というけど、おれは順番が違う。体技心やな、大切な順は。いいスイングの理屈が分かっても、体力がないとバットは振れない。野球の練習いうのは、毎日の繰り返しやから。体力があって、技術がつけば、びっくりするくらいうまくなる。

プロに入って、コーチに言われるのは技術のこと。でもそれを自分ができるかどうかは、自分で選ぶしかない。言われたままやっても、誰もが同じようにはできない。

自分にとって何が必要か、いらんものは聞くだけで使わない。それが心というもの。

自分で判断しないと、技術は自分の役には立たない。

おれの小学生のころの目標は、早稲田に入ることとやった。野球でということではなくて、早稲田大学にあこがれていた。それで進学することを目的に、私立の明星中学校に入ったんだけど、高校は北陽で、ここで目標が甲子園出場になって、まあ結局はそれから早稲田ってことになった。

子どものころはそんなすごい野球の才能があったわけじゃない。プロで成功するには、チーム事情とか、いろんな運というものも影響する。

ユニホームを脱いでいるときには、子どもたちの前でそんな話もした。社長さんの前で話すのも、子どもの前で話すのも、相手はどれくらい聞いているか分からんけど、自分にとってはどちらも、いい経験をさせてもらったと思うよ。

おれが子どものころは「打者の理想的な構えは、雨の日に傘を差して、立ち小便をするときの格好」と言われていた。そんなことを子どもたちに言ったら、みんなきょとんとしていた。今の子は立ちションしないのかもなあ。

岡田はバントが嫌い？

第二章でも少し書いたが、阪神の一軍監督になった野村克也さんは「プロ野球で教えるべきことは、選手の短所を直してやることや」と言う。

おれは逆なんやなあ。二軍は特に、長所を伸ばしてやるべきやと思う。

98年かな。おれがオリックスから阪神の二軍の打撃コーチに戻ったとき、二軍監督は和田博実さんだった。試合になると1回から5回まで、とにかく先頭打者が出たらバントで送る。そんな野球をやらせていた。

「二軍はまず、きっちり打たすことからやらさんとあかんでしょ」

おれがそう言うと、和田さんは「いやあれは三塁コーチが勝手にサイン出してるんや」って、まるで人ごとみたいに言うんやからなあ。

そんな二軍監督おるんかいな。「ほなら、おれがベンチからサイン出しますわ」と答えた。それから阪神の二軍の野球も変わったんやけど、そんなこんなで野村さんが一軍監督になってから「岡田はバントが嫌いらしいなあ。なんでバントさせへんのや」とか言いだしたんやろね。

嫌いとか好きとかいう問題やないわな。おれもバントさせなあかんときは、させるがな。そうしておれがサイン出すようになったら、チームも十何年ぶりかのファーム優勝よ。そらもう打ちまくったわ。ファームの練習場でもある鳴尾浜で優勝を決めて、最初に和田さんの胴上げ、次はおれが胴上げされた。

次の年におれが二軍監督で、一軍に野村監督が決まった。それから5年間、ファームは2位が1回だけで、ずっと優勝した。普通にやったら勝つんやから。もう勝たんでえいうのに勝ってしまう。

野村さんとは野球観が違った

野村さんは「長所を伸ばすより、短所を直したほうが早い」という考えやった。だからおれとは違っていた。それでも、そら一軍の監督がそういう考え方やったら、二軍の監督もそれに従わんとしゃあないやん。同じようにせんと選手が戸惑うし、そら合わさんといかんわな。

おれはホームランを打てるヤツは、ホームランを打てって考えやから。噛み合わんかったのは確かよ。

野村さんの考えも、矛盾しとるとこがあるとは思ったね。それやったらドラフトでスカウトに「1つでも、何かどこか秀でている選手を獲ってこい」と言うとったのは、どういうことなんかなと。

でも野球に対する考え方が、監督それぞれに違うというのは当然やと思うよ。みんなが一緒の考えは持っていないし、それはそれでええんと違うかな。

阪神に来て「ノムラの考え」というのも見せられた。けどあれはバッテリーのことばかりで、捕手からの視点やからね。打撃のことはほとんど何も言ってない。ゲームに勝つための方法論や、打撃論というものはない。守りのフォーメーションとか、そういうことが中心になっている。

大切なのは「引き出し」をたくさん持つこと

2023年のオフに「V9ジャイアンツの川上哲治監督の采配、石橋を叩いても渡らないという慎重すぎるほどの準備、投手力と守りを中心とした堅実な野球、岡田采配はどこか川上野球と通ずるものがありませんか」と聞かれた。

答えは「ない」。川上さんに限らず、誰かの野球を模倣するやり方は、おれの考えにはない。

ただそこで答えた。「川上さんの言葉で残っているものが1つある」。それは3打数1安打1四球で首位打者が取れるというセリフだ。なるほどと思う。4打数2安打と言われれば、簡単ではない。1試合に1安打でいいと考えると、できそうに感じる。

条件は1四球。それほど四球には、ヒットと変わらない値打ちがある。川上さんを意識はしていないけど、結果的に2023年の阪神としては、考え方の大きな支柱になった。その結果が優勝につながったのは確かだ。

西武やったかなあ、２０２４年シーズンから四球査定を導入するとか。それ阪神の二番煎じやろ。最初にやると選手へのインパクトがあるんよ。四球重視を査定に盛り込む。最初にやらんと効果ないぞ。

おれは「自分がやりたい野球」という考え方はしない。いろんな作戦があって、その中のどれを選ぶのか。そのためには、たくさんの引き出しを持っていることが大切や。

「ノムラの考え」も、ああそうかと、引き出しのどこかに入れておけばええんよ。最悪から考えるという、おれのプロ野球監督としての姿勢は、ある人から「西武監督時代の森祇晶さんの考え方と似ている」と言われた。

でも、おれは、野村さんにしても森さんにしても、特にどこかの監督のやり方を意識したことはまったくない。あの監督に学んだというのもないし、はっきり言うて、これまでそんなええ監督と出会ったことがない。

現役辞めてすぐに一軍監督をするんやったら、自分のやり方というのが分からんから、誰かの監督としてのやり方を参考にするというのはあったかもしれん。だけどおれの場合は、球界の中にいながら、一軍監督に対しては外から見られる立場にいた。オリックスで2年間、阪神で5年間、合計7年間二軍にいたから、いろんな勉強ができた。子どものころから、考えるということが、好きやった。こうしたらこうなる。ああしたらこうする。引き出しにいろんなものを入れておいて、ええとこだけを出していけばええ。

脳を使えば、頭が大きくなる

脳も体の筋肉と同じじよ。使わなければ衰える。鍛えれば強くなる。だから脳を使えば、頭が大きくなる。現役時代のおれの帽子のサイズは56・5センチやったのに、監督になったら58・5センチまで大きくなった。

それが前回監督を辞めた09年の夏前にモルツ球団のユニホームの採寸をしたら、58・5がぶかぶかなんよ。頭使わんようになったら、小さくなったんかなあ。

おれがほかの監督と決定的に違うのは、こういう野球をやりたい、というのがないことよ。おれは預かった戦力でどう勝つかが、監督の采配やと思うてる。

だから戦力も見ずに、戦力とは関係なく、こういう野球をやりたいとか、おれのやりたいのはこういう野球やとかいう人の意味が分からん。だから最高の采配は、何もしないことよ。何もせずに勝てる戦力が、一番強いということやんか。

おれは日の丸付けたり、代表チームの監督したりというのは、嫌いよ。チームを預かって、勝つための指揮を執ることはできるよ。だけど代表メンバーを選べと言われたら大変よ。そら苦手というてもええな。

五輪とＷＢＣで同じ日本代表でも、メンバーも打順も全然違うもんになるやろ。それは監督が違うからやわな。こういう野球をやりたいから、こういうメンバーを選ぶということやろ。そういうやり方は、おれには合わんのよ。

任されたメンバーでどう勝つか。どの引き出しを使って、試合をするか。それがおれはプロ野球の監督やと思っている。

「足を使った野球をやりたい」。監督就任の記者会見でそんなこと言ったたって、足の遅い選手しかいなかったら、そんな野球をしても勝てない。

だからおれは「どういう野球をやりたいんですか?」と聞かれても、答えはない。「勝つためにどうしたらいいんですか?」「このチームで勝つために、どんな野球をしますか?」。そう聞かれたら、いくらでも答えられる。

だからノムさんが、何かの本で「岡田は何をやりたいのか分からん」と書いていたらしいけど、そらそうよ。何をやりたいかなんて、そんな答えはないもん。

そら今の阪神に対して、こうしたら勝てるっていうのは自分の考えを言える。だけど、例えば横浜に対してだったら、同じことは言わない。チームの状況、事情、戦力、選手、いろんなことが違うから、阪神と同じことをしても勝てない。

エースと四番は「作るしかない」

おれは「いい選手がいないから、戦力がないから」と、監督が勝てない理由に言うのは、絶対にあかんと思うね。ノムさんも阪神で最下位になったときに「選手がいない。エースと四番打者がいない」って言ってたけど……。監督が口にしたらあかんことやと、おれは思うよ。

2024年、日本に帰ってきてから最初に受けた取材で、野村さんのことをまた聞かれたんよ。

「野村さんはエースと四番は作れないと言っていたが、どう思うか」

野村さんはエースと四番をしっかり補強しろ、と言っているんだけど、いないと言っても空席では試合できないからなあ。開幕試合に投げるエース、シーズンで四番を打つ選手はいるんだから、作れるも作れないも、作るしかない。いるのに作れないと言うのは、理屈に合わんわなあ。

そら周りはいろいろ言うわ。阪神でも、勝てんようになると「若手を使え」という声が出る。そんなん使えば勝てる選手がいたら、若手だろうと誰だろうと使うよ。当たり前のことやん。簡単なことよ。いないから、使えないだけよ。

勝ちにこだわるか、若手を育てるか、なんて議論があるけど、これもおかしい。観客は、ファンは、どっちを見たい？　勝つのを見たいに決まってるやん。

勝てないなら、若手を使えと、優先順位はそういうことやろ。ファンは勝つ試合を見たいから、甲子園に来るんと違うん？　ほんまに若手を見たいとだけ思っている熱心な人は、鳴尾浜へ行くやん。

若手を見たければ鳴尾浜、勝つのを見たければ甲子園、そうやろ。両方見たい人は両方に行く。「若手を使え」と言われて、ベテランはずして若手を使って、それでチームが負けだしたら、チームの目標や試合の目的なんて、もうどんどん違うほうへ行ってしまう。

やかましい闘争心、静かな闘争心

阪神監督としての星野仙一さんは、チームに対して勝つという意識を植え付けた人やね。それまではもう勝てない、みたいな感じやったチームに、メンバーも入れ替えて、勝ちたいんやという言葉で雰囲気を変えたのは確かや。

勝つ喜びというものを、技術より気持ちで教えた。それも引き出しの1つやと思うよ。マスコミやファンの応援というものも、うまく使った。もちろんそれも、監督としての能力やし、それができるのはすごいことよ。

そういう面ではオリックスの仰木さんもうまかった。イチローだって、鈴木一朗だったのを、イチローにして売り出した。仰木さんは静かな闘争心のある人やったなあ。星野さんはそれで言えば、やかましい闘争心を見せるタイプよ。

人それぞれでええわけ。やり方が違っていてええのよ。吉田さんだって85年の日本一監督というイメージがものすごいあるけど、そら2回も最下位になっとるのに、まあやっぱり日本一監督ということで、それでええんよ。いろんな人がいろんなやり方をして、その結果やからな。

星野さんのやった、技術より精神面というのは、おれもそうやなと思う部分はある。一軍に定着してる選手は、技術そのものはもうそんなに変わらんのやから。そこからは気持ち、いうのはあるやろな。

おれのやる野球は、つまらんかもしれん。おれが考える野球は、勝つことが目的やからな。ファンから見ておもろい、ハラハラドキドキする、そんな試合はあかんわけよ。そら逆転サヨナラ勝ちみたいな試合が、ファンから見れば面白いのかもしれんけどな。

勝つことを目的にやっているのに、面白い野球って、なかなかこれは、難しいことやで……。勝ちパターンができると、試合は面白くなくなる。安心して見られる、安心して試合できる、そういうチームを作ることが目的やからな。でも見る側からすれば、そんな野球は、なんかおもろないんと違うかなあ。

仰木さんとの約束

08年みたいに、シーズンの後半になってきてチームが上にいればいるほど、劇的な勝ち方をすると、それはそれでまた不安にはなるんやけどな。9月に3試合連続サヨナラ勝ちというのがあったけど、自分ではずっとなんかおかしいなと感じてた。

それがまあ、監督として責任を取らなあかんと、ユニホームを脱ぐことにつながっていった。そこまでの29年間、プロでやってきて、選手で16年、コーチと監督で13年、ユニホームを脱がんかったのは、仰木さんとの約束よ。

「これからはコーチとして、力を貸してほしい」そう仰木彬監督から声が掛からなければ、指導者にはなっていなかった

オリックスの現役最後の年、95年かな。「がんばろう神戸」で優勝した。そのときはもう自分でも辞めようと思っていた。最後の2カ月くらいは、仰木さんに言われて、二軍に行った。

「試合で若いヤツを使いたい。二軍で若いヤツを見たってくれ。これからはコーチとして、力を貸してほしい」

と言われた。

納得して二軍に行った。もう自分の調整ではなくて、コーチのようなことをした。仰木さんなりに、最後の花道を作ってくれたと思っている。仰木さんから声が掛からなかったら、指導者にはなっていなかった。

ファンの力でヒット打てた？ そんなんうそや

やっぱりこの世界に入ったのは、最初はあこがれからやろね。今みたいにメジャーとか、そんなことは現実にはなかった時代やから。プロ野球というのが、野球をやっている以上は最高の、あこがれの世界やった。

阪神に入ったときは、目標を達成したなと感じたけど、次の瞬間には、大変なところに入ったなというのが正直な気持ちやった。小さいころから野球やってて、ずっとレギュラーやったけど、阪神に入って、初めてレベルの違いを感じた。

でもこの道でしか生きていけない。ほかのことは何もできんしなあ。それからは毎年毎年の積み重ねやった。

タイガースファン。その後押しいうのは、ものすごいもんがあると思うよ。だけど最近の選手は、簡単に言いすぎる。

「ファンのみなさんの応援で、その力でヒットが打てました。ファンの後押しで、ホームランが打てました」。そんなん、あるか？

プロである以上、年々うまくなっていって、技術を見せる、そういう姿をファンに見せるというのは、当たり前のことよ。

おれなんか自分の前でホームランとか出たらファンが大騒ぎするから、自分の打席のときにうるそうてしゃあなかった。集中できんから、1球目は打たんかった。

ファンのためとか、そんなん考えへんよ。なんのためにプロ野球の試合をするのか。勝つためにやるだけや。プロ野球の試合の目的はただ1つ。勝つためよ。シーズン中にゲームをやってて、来年のことなんか考えられへんよ。来年のことをやるんは、シーズンが終わってからのこと。1年1年が勝負よ。

このメンバー、このやり方で勝てるというのは、その年だけのこと。今年いけたから、来年もいけるというんは大間違い。同じ考え方でいったら、次の年はほとんど負けるやろ。

ユニホーム脱いだときには、ベンチの中にいるとき以上に、いろんなもんが見えた。ベンチにいると、そこから一方向しか見えんわな。ところがネット裏の記者席からは、両方のベンチを均等に見ることができる。ベンチにいると、相手のベンチだけを見て、どうしてくるかなあと、相手ばかり見てた。離れると五分五分で見られるよな。「もう少しこうしたら勝てるのになあ」。そう思っても記者席からは、どないもできん。やっぱりユニホーム着てやるほうが、野球いうんは楽しいもんやな。

前回と違って思い切ってチームを変えられた

今回、改めて『オリの中の虎』を読むとやはり、一回目の監督のときは野村監督、星野監督の次という意識がものすごく見える。２００３年に星野監督で優勝した。翌２００４年からおれが監督として引き継いだチームは、ある意味完成されとった。ベテランが多かった。35歳を超える、最盛期の選手が中心やった。だから簡単には触りにくい。03年は三塁ベースコーチやった。選手の力量はよく分かっていた。「伸びしろが少ない。今がピーク。しばらく簡単には勝てないぞ」という戦力が分かるから、きつかった。難しさともどかしさがあった。２０１０年からのオリックス監督時代は、ソフトバンクという絶対的な強さを持ったチームがいた。

今回の２０２３年。監督としてのスタートは、まったく違っていた。直前までは記者席でずっと、チームを見ていた。コロナもあって余計に、じっくりと試合を見て観察できた。

「もうちょっとこうしたらいいのになあ」という思いがあった。05年からずっと優勝していないということもある。本当の白紙からスタートできた。思い切ってチームを変えられる。自分がやりたいと感じていたことを、思い切りやれる。そうして日本一になった。

「ありがとうございます」とファンに対する感謝の気持ちも、自然に言葉となって出た。

次の章では、改めてファンに向けたメッセージを綴ります。

野球の基礎を嫌というほど叩き込まれた早稲田時代、家族、そして身近で見守ってくれた人たち。お礼の意味を込めて2024年、阪神タイガース初の連覇へ。すべての思いを語ります。

第四章

虎よ、猛虎よ

涙よりも出たのは
感謝の言葉

日本一より、そらリーグ優勝のほうがうれしかったよな。二度目の監督を引き受けて、まず優勝する、それが目標やからな。マジックが出てからはあっという間やった。最後は11連勝。負けへんのやもん。

うれしいというより、ほっとしたというかなあ。自分が監督をやっていた2005年以来なんやから。日本シリーズはご褒美のようなもんよ。38年ぶりの日本一やなんてなあ。選手がようやったよ。

改めて振り返ると、すべてがうまくいった。こうしよう、ああしようというおれの考えがすべてはまった。だから、なんも変わったことはしてないんよ。普通にやるというのは、当たり前のことを当たり前にやるということなんやから。

だから涙なんて、出んかったわ。そらうれしいし、感激したけど、おれは勝って泣くということはないなあ。阪神で現役最後の試合、監督最後の試合、それは込み上げてくるもんはあったよ。選手のときは1993年か、甲子園やったなあ。監督は08年のCS、京セラやった。

いずれも心残りがあった。完全燃焼できなかった。だから余計に阪神タイガースへの思いが、ずっと消えることはなかった。今回日本一になって、タイガースのユニホームで宙を舞いながら、自分が一番素直に優勝を喜んでたと思うよ。

今回の優勝は普通に、感謝の言葉が出たなあ。ファンに対しては当たり前やけど球団、フロント、コーチ、選手、裏方の人たち、マスコミ……。すべてに「ありがとうございました」と言えたよなあ。

前回はなかなか「ありがとう」とは言えんかった。言うタイミングがなかった。今回は優勝パレードのときなんか、ファンの方から「ありがとう」と言われたもんなあ。おれがありがとうと言うのはええけど、ファンからありがとうと言われたら、どう応えてええのか……。

おれは何も変わってないよ

周りからは「岡田監督は変わった」という声も聞くけど、自分ではそんなんないよ。穏やかになった、喜怒哀楽を出す、試合中もにこにこしている、カリカリしていないとか言われるけどなあ。そんなんおれは、何も変わってない。

一番変わったのは、まず結果よ。これだけすべて、打つ手がはまって勝っていったら、そらベンチでにんまりするわ。笑うし、手もたたくやんか。それだけよ。

それともう1つ変わったのは、そら年齢よ。2005年の優勝は47歳で、今回は65歳やろ。18年ぶりの優勝ということは、おれも18歳、年取ったということやん。

18年は長いで。家族の周りや親戚も含めて、友人や知り合い、付き合いのある人がたくさん亡くなっている。それは誰しも同じ経験はするんやけど、やっぱりいろいろ自分の人生に影響はしてくるよ。

体力も落ちるし、穏やかになるのは当たり前やん。それと家族よなあ。今は孫が2

人いる。小学1年生と3年生。じいじがタイガースのユニホーム着て、監督をしているのはよく分かっているよ。

キャッチボールの相手もするしな。なんや青柳のフォームが格好ええとか言うて、投げ方まで真似してたわ。東京ドームで見に来たときは、ベンチで近本や大山と握手して写真撮ってた。自分が変わったというより周りの環境が変われば、そら誰でも年相応の振る舞いになるやろ。

嫁さんも文章書いとった

優勝して嫁さんのとこにも、いろいろ取材が来てたわ。『婦人公論』にも文章書いてたなあ。息子の陽集は前に優勝した85年生まれやから38歳か。覚えやすいわ。商社マンやから優勝のときは、インドネシアにいた。そのときは単身赴任していたから、孫たちは嫁さんたちと甲子園に来ていた。

嫁さんとは知り合いの紹介で会ったんやけど、2カ月で婚約発表。おれのことを「面白い人だなあ、今まで出会ったことのない不思議な生き物だな」と感じたらしい。「それは40年以上たった今でも変わりません」やて。おれはどう言うたらええんや。

２０２４年からは孫たちもインドネシアに行くので、簡単には球場にも来れんやろなあ。前はドバイにも行っていたからなあ。今は世界中どこでも、ネットで野球は見れるし、周りには阪神ファンも多いようやけど。

陽集は「阪神・岡田の息子」というような生き方はしていない。おれもそう接したし、自分の人生やから普通の感覚を持って、生活したほうがええと思うしなあ。ハワイのV旅行の球団ゴルフコンペで、久しぶりに一緒にラウンドした。

よう飛ばすし、大学のときは、ゴルフ部でキャディーのバイトなんかもしてたなあ。スコアは90くらいかな。ハワイの球団コンペでは3位になってた。

陽集の結婚式もあくまで、本人中心の披露宴にした。主役2人の友人や知人、仕事関係の人たちが出席していた。おれの関係とか野球界の人には声掛けんようにした。呼んだのはデイリースポーツの改発さんだけや。席がないから「親族席」に座ってもらったわ。

『オリの中の虎』でも家族のことには触れている。さらには、北陽から早稲田、阪神入団。おれの野球への基礎を作った日々。陽集の独身時代や、亡くなられた島倉千代子さんのこと、それに監督をする前の横浜・三浦大輔の話も出てくる。ここからはその内容を紹介する。

プロ一年目で思った「なんで阪神は優勝できんのやろ」

プロでもやれそうやなと、自分で思うことができたんは、大学3年生のときやった。プロに入れるいうんと、やっていけるいうんは違うよ。入れるというだけなら、たくさんおる。けどプロというのは毎年、7人獲ったら7人辞めていく、そういう世界やからな。

野球を始めたとき、本格的には小学5年生くらいやけど、そのときプロというのは入りたい、やりたいと、そういうあこがれの世界でしかなかった。

それが大学3年のときに、プロに入るような選手と対等にやっていけるって感じた。グラウンドで一緒に野球をすれば、すぐに相手と自分の力関係は分かるもんよ。それがあって、おれもプロでやれるという自信が持てた。

江川卓、山倉和博、袴田英利、鹿取義隆、高代延博……。東京六大学で、一緒にやったのはそんな顔触れやったなあ。みんな、プロから注目されていた選手やし、事実プロ入りしてからも結果を残した。

そんな人たちと自分を、同じ物差しで測ることができて、よし、このまま力つけたら、ある程度プロでもやれるなって思った。大学3年で自信持ったという話やけど、4年の夏にはアマの全日本チームの合宿にも参加したんよ。

社会人、大学の合同チームで、プロにいくようなメンバーばかりやからと言われて、おれも参加した。場所は浜松やったなあ。木田勇、杉本正、大町定夫、中尾孝義、堀場秀孝、大石大二郎、原辰徳、石毛宏典……。

これもそらすごいメンバーやったけど、その中でおれが三番を打った。そのときも、ああこれくらいやな、おれの位置はこれくらいやって感触を持てた。

それが実際に阪神に入ると、びっくりした。大学時代に測っていた物差しでは、とても届かんようなおっさんばかりやった。レギュラーの顔触れが、またすごかった。そら同じグラウンドで見たら、なんやこのおっさんらは、どんな力しとんねんと思うたよ。

ピッチャーが小林繁、江本孟紀、山本和行、キャッチャーは若菜嘉晴、野手は掛布雅之、真弓明信、加藤博一、榊原良行、藤田平、中村勝広、佐野仙好、ラインバック、竹之内雅史、ヒルトンもいたわなあ。

1月の合同自主トレから参加したんやけど、個々の選手の力を見たら、このメンバーでなんで優勝できんのやろって、不思議に思うたよ。

そらすごかった。若菜さんの二塁送球なんか、盗塁されて投げてきて、二塁ベースの上でおれが捕って、それで手が痛かった。それもほとんど座ったままで、ひょいと投げてくるんやからなあ。さすがに大学では、そんなキャッチャーはおらんかった。

で、なんで優勝できんのかやけど、それはすぐに分かった。

そらみんな、自分勝手でバラバラやったもん。自分のことだけ考えてプレーしてる。

1982年シーズンのタイガース主力選手のオフショット。左から小林繁、工藤一彦、山本和行、岡田彰布、若菜嘉晴、掛布雅之

そんな集団やから。まあ監督もなあ……。

おれが入団したときは、ドン・ブレイザーやった。1月の自主トレで初めて顔を合わせて、そのときに言われた。

「わたしは新人選手を、いきなりレギュラーで使うことはしない」

まだキャンプにも入ってない。おれが打撃しているのを見たこともない段階で、そう言われた。なんでやろなあ、と思うたけど、そら監督がそう言うんやから、新人のおれがどうしようもない。

入団交渉のときには、球団の幹部が「三塁で使いたい」とか、おれの親父に言うてたけど、三塁には掛布さんがいたし、二塁はブレイザーがヤクルトから獲ってきたヒルトンやからなあ。

ビール飲めと島岡御大に言われた

明治大学の島岡吉郎監督とは、日米野球のときくらいしか、直接話すことはなかった。リーグ戦のときは、明治のベンチで、ホームラン打った打者が「お前、いらんときにホームランなんか打つな。岡田を見てみい。あいつはここでという大事なときにしか打たんだろ」と島岡さんにしかられていた。

ホームラン打ってしかられるなんて、明治の選手も気の毒やなあと思いながら眺めていた。学生の代表チームで一緒になると「ここへ座れ」って、おれだけ呼ばれて、島岡さんの隣でビールを飲まされた。焼き鳥をつまみながら……。だいたいつまみは焼き鳥よ。

おれはまだ3年で、明治の4年が食事もせずに後ろで立っとるのになあ。日米大学選手権のときは、3年生はおれ1人だけやったから、最初の試合は六番やった。そこで打って、3戦目から四番になったわ。

早稲田へは一般入試で入った。北陽のときは、最初から早稲田に入るつもりでいたし、学校側もそれを願っていたわな。野球しながら塾にも行ったし、家庭教師に来てもらったりもした。

3年の夏の大会で野球が終わって、それからはずっと塾で受験勉強をした。当時の早稲田は、スポーツ推薦とか、そういう制度はなかった。ただ野球部のセレクションはあって、そこで評価されると野球部として応援してくれる。

応援というても、文字通り応援してくれるだけよ。入試の対策と傾向みたいな勉強会をするだけやったなあ。3年のときに一応、早稲田の夏のセレクションに行った。そこでバッティングして、10スイング中7ホームラン、それはほんまよ。木のバットで全部、旧安部球場の場外に打った。

金属バットが公式戦で使えるようになったのは、おれの高校2年、夏の大会からやし、もともとずっと木で打ってたわけやからなあ。木で打つことに違和感はなかった。

今の選手はもう、子どものときから金属バットやからなあ。どうしてもプロで木のバットになると、しばらく時間がかかる。「バットのしなりで飛ばす。バットにボールを乗せて運ぶ」。木のバットでは、そういう感覚が当たり前やったのに、今の選手にはそういう表現をしてもうまく伝わらんのよね。

まあそうこうして早稲田の野球部に入った。同級生は浪人組も含めて21人いたなあ。浪人組が多かったから、中には同じ高校で上下関係が逆転したり、そういうのはお互いに気を使ってたよな。

同級生とは今でもずっと付き合いがある。お金を積み立てて、年に1回は会うようにしている。住んでいる場所は、全国に広がっているし、高校野球の指導者や先生をしているヤツも多い。

九州や四国や全国各地で幹事が宴会をする場所を決める。神戸では有馬温泉に行ったこともあるなあ。みんなが集まって、昔の話、今の話、そらもうみんな、いろんな社会でリーダー的な立場になっているし、野球をやっていたおかげで、ずっとつながりを持てるというのはありがたいよ。

同じ集まるというても、早稲田の現役時代には「集合!」というのがあったんよ。24時間、いつだってこの声が上級生からかかると、制服制帽に着替えて集合する。まあ、そっからは延々と説教というやっちゃね。そらかなわんわ。おれは上級生になっても、そんなんあんまりせんかったけど。

プロでは、あの監督に学んだとか、そんなんはなかった。でも早稲田に入ったときの石山建一監督からは、いろんな影響は受けた。とにかくバッティングはリストワークという考え方やった。

合宿所・安部寮の風呂の底には、必ず握り拳大の石が3個、沈めてあった。風呂の中で石を持って、リストを鍛えろということよ。1年生のころは、風呂に入っても上級生が湯をほとんど使い切って、泥水の中に石ころだけが転がっているようなときもあったなあ。

ボタン1個でイレギュラー

早稲田で忘れられないのは、夏の軽井沢合宿。ほんまにしんどかったし、二度とあの合宿はようせんわ。軽井沢へ行くのは7月の20日から8月の20日、1カ月間。1年生で初めて行ったときには、最初の1週間で13キロやせたからなあ。もうげっそりよ。そらノックを受ける数でも、100本とか1000本とか、そんな数えられる数やない。次元が違う。ノックいうたら1日中ずっとノックやからなあ。

1000本ノックというけど、実際に1000本やったら、何時間かかるか分かるか？　そんなんやったヤツにしか分からんと思うよ。3時間、きっちり3時間かかる。バットの素振り1000回と、まったく同じ時間かかる。やって分かることよ。3時間で1000本ということは、1日中ノックを受けてたら何本になるんや。そんなん分からんやろ。

監督の石山さんが、先輩が来るたびに「これが岡田や。必ずプロにいって活躍する素材だ」と紹介する。そのころは社会人の先輩が都市対抗野球で負けたら、次々に軽井沢に来る。

紹介するのはええけど、そのたびに先輩が「よしそうか、岡田か。おれがノックしてやるぞ」って、守らせる。打つほうは次々交代するけど、捕るほうはずっとおれだけやからなあ。

グラウンドの練習そのものは、9時から5時やけど、1年は5時起きよ。4年が5時20分に起きるから、1年は、起床ですと言うて上級生を起こさんとあかん。それで5時半にはユニホーム着て、宿舎の表の駐車場に集合よ。体操して、そのまま沓掛時《くつかけとき》次郎《じろう》の碑までランニング。往復10キロ、山越えを走るんやから。

練習が終わった夜は、9時からバットスイング。

そうや、名前は言わんけど、グラウンドの守備位置に小さな石が1個落ちてたって、集合かける人もおった。

練習中もその人のとこに打球が行くと、イレギュラーせんといてくれって下級生はみんなで祈っとった。グラウンド整備もまるで鏡の上みたいにきれいにした。それでもイレギュラーしたことがある。

「これや」。整備していたら、ボタンが1個落ちていた。ユニホームのボタン。練習中は頭から飛び込むから、すぐにボタンがはじけてしまう。

汗でどろどろになって、裏返しにユニホーム着て、前ボタンが千切れてしまうから、最後はガムテープで留めて、それで練習してた。その落ちたボタン1個で打球がイレギュラーする。また集合よ。

休みの日は1カ月に2回くらいあったかなあって感じよ。今のキャンプみたいに4勤1休と違うからなあ。そら脱走するヤツもおるよ。それでも慣れたもんで、マネージャーが、「1人逃げました」ってすぐに手配して、上野駅で捕まりよるわ。軽井沢からごつい体で真っ黒なヤツが、1人で制服のまま電車に乗ったら、そら目立つわ。東京に居残りしているマネージャーが、「はい、このまま電車から降りずに引き返すように」と。それでまた上野から軽井沢に帰ってきて、平気な顔で練習しとった。

今はもうなくなったけど、手作りのグラウンドやった。合宿の3日前くらいに、先乗りのメンバーが入って木を切って、竹で打撃のケージ作って、そんなんやったな。

忘れられない「おはなはん」との思い出

軽井沢やから、よかったのは涼しかったこと。クーラーはもちろんいらんし、東京の合宿から大布団を運んどった。標高1000メートルくらいかなあ。だから球も飛ぶんよ。

おれが打ったらほとんど林の中まで行っとった。フェンスがないから、林の中に入ったらホームラン。おれがフリー打撃を始めると、下級生がみんな林の中にボールを探しに行って、そこで隠しておいた水飲んで休んどる。

だからおれは次々と林の中に打ち込まんとあかん。1年のためにホームラン打ったようなもんや。でもそんな合宿で、忘れられないシーンがある。おはなはん、だ。おはなはんが、軽井沢の合宿を見に来る。それだけで、高原にさわやかな風が吹いた、ような気がした。美しい人だった。日傘をさしたお嬢さん。

そんな人に、あまり野蛮な練習風景は見せられない。だからおはなはんが来ると、練習が楽になった。それでうれしかった、というのもある。

おはなはんはおれが小学生のころに、日本中の誰もが見ていたＮＨＫの朝の連続テレビ小説。樫山文枝さんが主人公のおはなはんを演じていた。最高視聴率が50パーセントを超えるような、国民的人気番組だった。

樫山文枝さんのお父さんが樫山欽四郎先生で、野球部の部長をされていた。リーグ戦ではベンチにも入られて、よく話もした。その縁でお嬢さんの文枝さんが軽井沢を訪ねてこられた。いつ見てもおはなはんは、おはなはんだった。

なんか、おはなはんのことを書くときだけ、東京弁になる。というか早稲田の話になると、勝手に東京弁に戻る。おれは大阪弁でも東京弁でもしゃべれる。ふだんは、大阪弁やけど。

80人の部員が、こんな練習を4年間ずっとやる。そらやっぱりうまくなるよ。体力、技術、精神、やね。

天皇杯というのは東京六大学の優勝チームに贈られるんやけど、優勝すると講堂で、これに酒を注いで回し飲みをする。なんかそういうことが、早稲田での野球の経験として残っていく。おれも天皇杯のレプリカを2つ持っとるからなあ。

飲み屋での予告ホームラン

神宮の早慶戦はすごいっていうか、それは高校野球の甲子園とはまた違った雰囲気がある。おれのときはまだ外野が芝生席で、超満員になった。マイクを使って応援してもよかったから、迫力が違う。

応援席で煙幕作戦とかいうて、全員でたばこの煙をふかしたりしていた。今ではありえないし、野球場もほとんど禁煙やからなあ。昭和の時代の、学生野球独特のものが神宮にはあった。

1試合の入場料も両校が、現金で分配していたからマネージャーなんかすごい現金抱えて、大変やった。リーグ戦で優勝したら提灯行列で、パレードから帰ったら白いユニホームが口紅だらけになってた。アマというても、そういう大学野球での経験いうのがあったわなあ。

優勝したあとの新宿で、後輩にばったり会った。

「岡田さん、どこか面白いところに連れて行ってください」

そんなん言うから、全員を連れてキャバレーを貸し切った。何十万、かかったことか。

学生でも、そういうことができる時代やった。おれも朝まで飲んでも、平気で次の日の試合で打ってた。あるとき飲み屋で先輩と一緒になって、ちょっと気まずい感じになった。下級生がいつまで飲んでいるんやって感じやね。

それでおれが「あしたの試合でホームラン打ちますから、このまま黙って見過ごしてください」って頭を下げた。ほんまに次の日はホームランを打った。「ライトにホームラン打ってくる」と言うてベンチを出て、そのままのことをした。もちろん相手やピッチャーにもよるけど、若かったし、そんなことが平気でできた。

野球ではなく亀で感動した

野球ばっかりやってた大学時代やけど、野球以外で感動したこともある。だいたいおれは感動した、なんて言葉はあまり使わんし、感動もせえへん。

野球ばっかりやってたから、女の子と喫茶店に行ったり、映画館に行くというようなこともなかった。最近はようテレビを見るけど……。

監督やっているときは、昼前に時間があるからよう再放送のドラマを見る。水戸黄門とか、サスペンス劇場とか。サスペンスはすぐに犯人が分かってしまう。それに警察署緊急24時間みたいなドキュメンタリーも好きやな。見られへんときは録画したりしてた。でもそんなんで感動はせんわな。

感動したんは甑島《こしき》に行ったときよ。大学のときに鹿児島県の串木野からフェリーに乗って行った。甑島はおふくろのふるさとで、今でも親類がいるんと違うかなあ。車も信号もない、そんな印象の島やった。島の人たちが港で出迎えてくれて。その砂浜で、海亀が卵を産むところを見たんよ。涙を流しながら、砂浜に産み落とす。それをカモメが上空から狙っている。

なんか自然のすごさっていうか、神秘というか、あのときは感動したなあ。息子の陽集も、小学3年のゴールデンウィークに行ったはずや。

おふくろは元気やけど、親父は若くして亡くなった。亡くなったのは56歳のときやから、親父の家系は長生きせん。60を超えて生きている人は少ない。だからおれも、長生きはできんと思うとる。

まあそれでええやん。あまりガツガツした生き方はしたくない。ずっと野球やってきて、別におれはそれ以外に大きな金を使うこともない。家も建てたし、車もある。借金があるわけでもないし、別にそれほど長生きせんでもええと思うとる。

陽集は、タイガースが日本一になった85年に生まれた。太陽の光を集めるような人物に、というようなことやな。中学のときに少し野球をしてたけど、もうやめとけと言うた。一度だけ自宅の庭でキャッチボールした。投げるのを1球見て、もう本格的な野球はやめとけと言うた。

まだおれは現役やったし、そら阪神の岡田の息子という目で見られる。とてもそんなレベルではなかった。本人のためにやめさせた。

本人に「どこを守りたいんや。ポジションはどこがええんや」と聞いたら「一塁ベースコーチ」と言ってたときもあったなあ。「なんでや」。「一番、楽そうやから」。それではプロ野球選手を目指そうと、そういうことにはならんわな。本人も野球に見切りをつけて、それでよかったんと違うか。

それ以外は、普通に育てた。大学のときはゴルフ部に入ってた。国立大でそんなに強い学校じゃなかったし、まあ楽しくやれる程度のゴルフやったやろ。

一緒にラウンドしたことは何度もある。若いから当たったときはおれより飛ぶけど、スコアはまだまだ負けん。監督しているときは東京遠征に行くと、ときどき一緒に飯を食べた。

就職して最初は寮に入ってたから、まあおれが行ったときくらいは肉でも食べさせたろと、そら普通の父親がやることと一緒や。

遅くなったら、おれの部屋で泊まっていけって、ホテルのベッドで寝て帰ったこともある。息子は朝早く起きて会社に行って、おれは球場へ野球の監督をしに行った。

そんな親子やった。

カラオケ勝負にも作戦あり

ときには飲みに行ってマイクを持ったりしたけど、まあ野球のことばっかり考えるのもしんどいし、歌でも歌おかって、それだけのことよ。

でもただ歌うだけやったら面白くないし、点数の出るカラオケで、勝負をしたなあ。

そうなってくるといかに点数を出すかやから、これまたいろいろと作戦も出てくる。

100点満点か、1000点満点か、どのマイクが点数出るのか、この店のカラオケはどんなジャンルの歌がいいのか、勝負する相手より先に歌うか、あとで歌うか、確実に点数を取るか、一か八かで高得点を目指すか。そんないろんなことが勝負となると絡んでくる。

勝負となったら、好きな歌やなくて、点の出る歌よ。おれはもともとそんなに歌える歌はないし、小林旭とか、美空ひばりとか、島倉千代子さんとか、まあ昔の歌謡曲や演歌、せいぜい誰でも知っとるようなフォークソングくらいやな。点数が出るからというて、童謡とか「六甲おろし」とか歌うヤツもおったけど。

なんで島倉千代子さんだけ、さん付けかっていうと、そら知り合いやからや。親父が島倉さんを応援してて、そら阪神の藤本勝巳さん（元外野手、1960年本塁打王）と結婚したんも、おれの親父が仲人のようなもんやったからな。

子どものときから、よう知ってた。藤本さんの家の屋上にティーバッティングのできるネットがあった。子どものときにおれが、お千代さんに球を上げてもらって、そこでティー打撃をしたこともあった。

監督したり、そういうときには島倉さんが必ず花束とか贈ってくれた。昔話やけど、おれが島倉さんの隠し子ちゃうかって週刊誌で書かれたことがあったくらいや。まあだからというて、島倉さんの歌を歌っても、なかなか点数は出んから、勝負のかかったときの歌はまた別よ。

おれがいたら三浦は阪神に来ていたかも？

大阪・玉造で紙加工の工場をしていた親父は、近所の商店街の人とも付き合いが深かった。岡田会というグループで、おれが高校のときくらいからずっとみんなで応援してくれた。

大学のときは神宮まで、バスを貸し切って来てくれた。帽子を回してカンパ、こづかいを寄付してもらったこともある。岡田会のみなさんには、ほんまに家族同然の付き合いをしてもらった。プロでも広島あたりまで、バスで来てもらった。

そんなメンバーの中に、横浜・三浦大輔のお父さんもいた。

玉造の商店街で花屋さんをやっている。お父さんは岡田会の集まりにもよく顔を出してくれていたし、球場へ応援にも来てくれた。

今でもお父さんはおれのことを「アキ坊」って呼んでいる。そら息子の大輔も、おれは子どものころから知ってたよ。近所に、すごい球を投げる中学生がいるぞって、阪神のスカウトにも教えたのに、それからどうなったのか。

阪神は指名しなかった。奈良・高田商を出て、横浜がドラフト6位で指名した。さすがにそれからはお父さんも、阪神の応援をするわけにもいかんようになった。

今でも、あのとき阪神が指名してくれていれば、それが一番よかったのにねって言っているらしいけど。

2008年のオフには、三浦がFA宣言をした。そらおれがそのまま監督していたら、三浦は阪神に来てたと思うよ。おれが阪神の監督辞めて、ショックやった1人が三浦やろ。担当記者には「本当ですか。岡田さん、なんで辞めたんですかねえ」といろいろ気にしていたらしい。

あれは秋季練習のときやから、2008年の11月やなあ。おれはユニホームを脱いで、背広姿で高知の安芸に行った。真弓監督の秋季キャンプが始まっていて、真弓監督と対談してくれということで、初めてのマスコミの仕事やった。

真弓さんとの対談が終わって、球団の南信男社長と挨拶がてら、いろんな話をした。その時点ではまだ、三浦の動向が分からず、阪神としては宣言したら獲得に動きたいということとやった。

南さんと別れて、安芸の球場から車で高知市内に向かった。西宮の自宅から、自分で車を運転して高知まで行っていた。安芸の球場から急な坂道を車で下りて、信号で止まったその瞬間やった。

おれの携帯電話が鳴った。「三浦」と画面に出た。自分でもびっくりしたんやけど、そのときおれが安芸にいるなんて、三浦はまったく知らんことよ。ふだん電話することはないし、ユニホームを脱いでからも、初めての連絡やった。

「いろいろ岡田さんも大変だったし、今まで連絡できなくてすみませんでした。監督、そして長い間のユニホーム生活、本当にお疲れさまでした」

「おう、ありがとう」

「実は、FA宣言をしようと思っています。宣言して、交渉をしてくれる球団があれば、自分の評価を聞いてみたいと思っています」

「そうか、宣言する、そういうことやな」

「はい」

お互いに、余計なことは何も言わなかった。FA宣言をする、おれはそのことだけを聞いた。まだマスコミにもどこにも話していない。一番最初に、おれにそのことを知らせてきたんやと思う。

三浦がFA宣言して、阪神が入団交渉をした。おれはちょっと不思議やったけど、阪神はなぜかトップの球団社長も、真弓監督も交渉の場には出なかった。

球団としてはいろいろと考えがあってのことやろうけど、やっぱり三浦にすればトップの人にすぐ足を運んでもらってたら、印象も違ったやろうけどね。

FA宣言はしたけれど、結局は横浜に残留することになった。まあ最後は本人が決めたことで、周りがとやかく言えるもんではないけど……。

辞めて気が付いた
命懸けだった日々

ユニホームを着ているときは、ずっと時間に追われている。試合中も、時計をはずさなかった。

2007年は黄色の時計。2008年は白い時計。どれも前の年のオフに買った。1年間はこれでいこうと決めて、試合中はずっと同じ時計をした。

ベンチにいると、目立つらしい。「あれはどこの時計ですか、どこで買えますか」って、よく聞かれた。別にそんな珍しいものでもないと思うけど、やっぱり監督をしているときには時間が大事、時間を確認する時計というものへのこだわりはあった。

あまりゲンをかつぐことはせんかったし、それは人に言うものでもないから。それでも、かつて中日にずっと名古屋で勝てんときがあって、このときは球場へ行く道を変えたり、いろいろした。

最後はバスで走る道がなくなってしまって、もうバスを代えるしかないということになった。まあそこまではせんかったけど、勝てんときはいろいろ考えるもんよ。

中日からは、「あの選手には、このヤジを言え。気にするはずや」とか、そんな情報を集めたりもした。勝ちたい。勝つということに、ユニホームを着ていると、そこまでこだわるもんよ。

監督を辞めた2009年のある日、何も予定が入ってなかったことがあった。やっとなんにも縛られずに、1日を過ごせる。時間も、勝敗も、何も気にせんでええ。ユニホームを着ていたときは、そんな日は1日もなかった。

「ああ、時計を見なくてもええんや」

ふとそれに気が付いて、左手の時計をはずした。本当に解放された気持ちになった。いかに野球に対して命懸けで、すべてを勝つことにこだわった、そんな日々だったのかが分かった。

「あこがれのプロ野球」になっているか

頂点にあるプロ野球が、本当の意味で子どもたちのあこがれの場として存在しているのか。選手だけでなく、フロントの人たちが、そのことを真剣に考えんといかん。自分たちの目の前のもうけや、球団の利益だけのために動こうとする人が、多すぎる。セ・リーグとパ・リーグ。自分の球団だけではなく、それぞれのリーグの利益だけを追って、互いにいがみ合うような関係は、もうなくさなくてはいけない。

野球のルールから、日程、ドラフト、すべてのことでセとパの意見が一致しない。かつては人気のあるセが、パを助けるような力関係だった。今はもう違う。巨人至上主義の時代でもない。

三軍制にする。三軍は地域性を重視して、すべての都道府県にプロの球団を置く。なぜ独立リーグができたのか。野球熱はある。野球をやりたい選手はいる。野球を見たい人もいる。しかし、今のままの独立リーグでいいのか。

独立リーグをなくして、各球団が三軍としてのチームを持つ。2009年の日本野球機構で、調査委員会のメンバーに選ばれたとき、おれも自分なりの意見を言わせてもらった。

思い切り子どもたちが、野球のできるグラウンド。アメリカのキャンプ地のように、4面くらいの球場が背中合わせにあるような野球パーク。夢のような話かもしれないけど、まずそんなグラウンドが必要だ。

プロ野球の三軍制に、下部組織として少年野球までつながる。そういう発想から、今のプロ野球を見直していくべきやな。素直にサッカーのいいところは見習うべきだと思う。

早稲田で一緒だった元日本代表の岡田武史監督と、かつてゆっくり話す機会があった。会った場所がサッカー協会のビルだったんだけど、プロ野球の組織には、そういう自分たちのビルすらない。

関係者が集い、いろんな情報が集まり、OBも含めて、ファンも足を運ぶようなシンボル的な場所。プロ野球の組織はまずそこからスタートしなければいけない。

三軍の下につながるアマの組織があり、子どもたちの育成にまでつながる。プロとアマの交流は言うまでもなく、指導者も含めて、サッカーに見習うべきことは多くあると思う。

今のプロ野球に、自分のリーグ、自分の球団、それどころか自分個人の金もうけのことしか考えていない人はいないないか。

プロ野球はまだ、高校野球との間に溝がある。プロ野球のOBが、高校の後輩に指導することすら、簡単にはできない。そらプロのトップレベルの技術を、高校生たちに伝授したいよ。もっと自然に、プロ野球を目指す子どもたちと触れ合えればなあ。

プロ野球のOBたちも、退団するとそれでもう行き先がない。球団に残るか、解説者になるか。そんなんほんまに一部の人だけで、今球場に行っても顔を合わすOBは、いつも同じ人ばかりやからなあ。

せっかくプロで活躍するだけの能力を持った人たちが、次にそれを生かす世界がない。まったく関係のない職について、成功できる人は限られてるよ。プロにとってもアマにとっても、交流することが双方のプラスになるのよ。

そらプロ野球は現場よ

いずれはメジャーでやりたいという希望を持っている選手は多い。メジャーが夢というのは、よう分かるし、その気持ちをどうこう言うことはできん。けどまず日本のプロ野球が、あこがれの場所と言われるようにならんとなあ。

そら日本のドラフトという制度は守っていかなあかんし、その代わりにFAという制度があるんやから、今はまず日本の野球で貢献して、それからFAでメジャーに行くと、それはもう止められんことよ。

阪神タイガースは、優勝争いできるチームになったと思う。でも毎年、1人か2人でええから、新しい戦力を入れていかんとなあ。そんな簡単に次の世代の中心選手は出てこんよ。

1人か2人、ベンチに入れる選手を毎年、作っていくこと。それがいずれ中心の選手になって入れ替わる。そのために大切なのは、やはり監督が新しい選手を自分の目でしっかり見ておくことやろね。

2月のキャンプ、3月のオープン戦はそのために使うべきで、大事なときやと思うよ。監督がある程度の見極めをして、新戦力の育て方をイメージしとかんと、二軍への指示も出されへんわね。

同じ新人でもいろんなタイプがある。鳥谷や森下のようにはじめからそのまま一軍に置くべき選手もいるし、昔で言えば関本なんかはやっぱりある程度二軍で力をつけさせたわね。そんなんも二軍での監督経験があると分かることなんやけど。

新しい戦力は、スカウトや編成がどうとかと違うよ。阪神もずっと、そこそこの選手は獲っているし、ドラフトもあってそんなに極端に、獲ってくる選手の差はない。現場の見極めよな。

あれほどエースや四番打者をお金で集めたといわれた巨人が、今は育成とか、自前の若い選手が出てきている。フロントのしっかりした戦略もあるけど、最後は現場がどう使うかなんやから。そら現場よ、プロ野球は……。

サムライは黙して語らず

2004年、阪神の監督1年目やったかなあ、ベンチでもっと喜怒哀楽を出したほうがええ、星野さんのような激しさがない、表情が乏しい、と言う人がいた。

おれは何も思わんかったけど、そんな言葉を聞いた嫁さんが、なんかカリカリしとったなあ。嫁さんに言わせれば、何があっても動じず、どっしり構えて表情を変えない強さが、日本人の美徳でしょって……。

サムライの美学というか、自分でそんなことは意識してないけど、嫁さんはそう言うなあ。まあそれぞれのやり方や、タイプ的なもんもあるんやろうけど。

嫁さんは父親が商社にいたから、学生時代にずっとカナダで過ごしていた。帰国子女で、どっか日本のペースと違う天然のとこがあるんよ。

おれが阪神に入ってから、知り合いに紹介されて初めて会った。嫁さんは野球に興味もないし、おれのことも知らんかったようやな。あとで聞くと、2人で会っているのに、おれは居眠りしとったらしい。

それが、嫁さんが言うには「ああ、やっぱり日本にはサムライがいるんだ。この人こそサムライだ。こんなところにサムライがいた」そう思うたらしい。

外国生活が長かったから、レディーファーストの習慣というんか、男の子がなんやかやと女の子に気を使う環境やったんやろね。それで新鮮やったんかもしれん。

おれはそんなん知らんし、普通にしとっただけやん。練習で疲れて、酒飲んで寝とったんやと思うけどな。まあなんとなく2人とも、いろんな意味での安心感はあったかもしれん。

監督をしているときは、別につらいとか、しんどいとかは思わん。プロ野球の監督、阪神の監督というのは、そういうもんやと思うとるから、こんなん全部当たり前のことやと、おれは思うてやってきた。

大臣になるより難しい阪神の監督

そら阪神の監督ができるなんて、どっかの大臣になるより難しいことやし、おれは誇りに思うて、そら激務やと思うたらできんよ、阪神の監督いうんは。

球団のフロントは、いつも同じことを言う。

「監督のやりやすいように、監督がグラウンドに集中できるように、全力をあげてバックアップします」

ほんまやろか、と思う。無理やろ、と言いたくなる。

球団のフロントいうのは、チームが勝てなくて、負け続けたら何を考えると思う？　監督をいつクビにするか、次の監督を誰にするか、それを考えるのがフロントの仕事やろ。

信頼関係、というけどほんまは逆よな。彼らは味方と違うもん。味方が自分をクビにすること、考えへんやろ。そら家族とは違うよな。

前回は監督しているとき、一番の話し相手は犬のジーニーやった。試合で勝っても負けても、家に帰ればじゃれついてきた。朝は玄関まで見送ってくれる。

イングリッシュ・スプリンガー・スパニエルという種類の中型犬で、穏やかな、おっとりした性格やった。丸っこい体で、じっとしとった。

ジーニーと名づけたのは嫁さんで、子どものころにテレビで見ていた「魔法使いジーニー」からとった。阪神・淡路大震災のときから飼っていた迷い犬がすぐ死んで、次に家に来たのがジーニー。12歳。雌の犬やった。

おれの監督時代のすべてを知っていた。ジーニーだけにはすべてを話した。楽しいことも、嫌なことも、喜びも悲しみも……。くんくんと聞いててくれた。

ジーニーは08年、9月10日、老衰で死んだ。その日、阪神はまだ首位にいた。陽子、陽集、家族3人で、4人目の家族だったジーニーを見送った。

命に限りはある。

おれが「サムライ」だったのなら、08年のオフに一度は切腹した。恐れるものは何もない。また命懸けで、戦場に向かおうと思っている。

2023年、再び阪神監督に

前回の監督を辞任したのは、08年やから15年前のことになる。こうして『オリの中の虎』で当時のことを振り返ると、さすがに若かったなあと思うよ。もちろん球界を取り巻く環境はいろいろ改善された。野球の将来、スポーツ、子どものこと、いろんな課題へ懸命に取り組んでいる人も多い。

これまでいろいろあったけどおれ自身の生き方、野球に対する考え方、阪神タイガースへの思い、根底にあるものは変わっていない。

「一度は切腹した」と書いているけど、今もその覚悟は同じよ。相撲の行司が常に腰に短刀を差しているのと同じよな。プロ野球の監督いうんは、勝てんかったら辞める。それ以外には何もない。覚悟があって当たり前よ。

08年からユニホームを脱いでいた期間は、行く先々で「阪神の監督してください」と声を掛けられた。「そんなん、おれに言われてもなあ」といつも苦笑いしていた。

おれの次は真弓さん、和田、金本、矢野と阪神の監督は世代交代した。おれも65歳になっていた。再び阪神の監督ができるかどうかは、自分の力でどうにかなるものではなかった。

いくつかのタイミングが重なったと思う。あとになって聞いた話も含めて、決定的だったのかなと感じるのは阪急阪神ホールディングス・角和夫会長の存在だ。早稲田の先輩で、ずっと気に掛けてもらっていた。

2022年、5月の連休中に角会長、吉田義男さん、そしてもう1人は財界の方というメンバーでゴルフをした。場所は西宮で、もともとは、ノーベル賞の本庶佑《ほんじょたすく》先生がメンバーに入っていた。本庶先生の都合が悪くなって、別の方が入られた。

5月ということは、当時の矢野監督がシーズン前に「今季で辞める」と宣言してのシーズン中だ。「次は誰なのか」という声は当然、周りから聞こえてきた。

もちろん球団内でも検討はされていただろう。球界では通常、夏の段階で次の体制を固める。コーチ陣やチーム編成、それぞれ対応できるようにしておかないといけない。

とはいえ5月の段階で自分のところに、球団からは何の話もない。角会長とのゴルフは突然組まれたものではなく、シーズン前から予定されていた。ただこの状況下で、阪急阪神ホールディングスの最高責任者、そして85年の日本一監督、というメンバーにはそれなりの重みは感じた。

本庶先生とは京都岡田会の会長として、長い付き合いがある。前回の監督就任時、04年からの後援会で、優勝したから応援するという会ではない。ユニホームを脱いでいるときも変わらず応援してもらった。

ラウンドを終えて、近くのホテルで会食した。角会長は野球をよく見ておられる。タイガースの在り方、今後の方向、そして将来の指導者へと話題は広がった。

すべて分かったうえで引き受けた

食事中に、直接的な監督就任要請があったわけではない。ただ別れ際に「秋にまた、よろしく頼みます」と言われ、グータッチをした。会長が差し出したグーの意味はおれなりに感じ取った。

デイリースポーツの改発さんには、すべて話していた。もちろん、この段階でデイリーが紙面に書くことはない。ただ一部の週刊誌に、憶測含みの話題として出た。「秋にまた」などとトップにある人が、意味もなく軽々しく言わない。吉田監督が同席していたことにも、含みはあるだろう。自分なりにはこの時点で「覚悟」はしたつもりだ。実はこのあとにも、大阪のホテルで角会長と会う機会はあった。

京都出身という縁もあって、京都岡田会の会長をしてもらっていた本庶佑先生の存在も大きい。吉田義男さんも含めたゴルフ仲間でもある。

阪神ファンと公言されていた本庶先生が、ノーベル賞を受賞したことでスポットが当たった。当時は金本監督だったが優勝はできなかった。

「ワイドショーのインタビューで乗せられて、タイガースへのアドバイスはと問われた。監督を代えることと言ったら違う人（矢野燿大）になってしまった。岡田さんにという意味だったのに」

あとになって本人の口から聞いた。

そんな経緯があって、このメンバーが顔をそろえてゴルフを、と角会長が動くことになったのだろう。球団から正式に監督要請があったのは、9月の下旬。そこまで時間がかかったのは、球団には別の監督候補がいたということやろう。全部分かったうえでおれは引き受けた。

角会長や本庶先生、吉田さんの思いに応えたかった。外から阪神の野球を見ていた。ここをこうすればいいのになあという思いもあった。白紙から出発できると感じていた。阪神への思いだけで、球団の監督要請に応えた。

決め手は『オリの中の虎』

球団が考えていた監督案が誰だったのか、もう書く必要もないやろ。ヘッドコーチに平田をというプランを球団は持ってきた。それで分かる。

おれは「ええよ」とだけ答えた。もうそんなことで、ごちゃごちゃしてられない。

おれは14年も阪神から離れていた。今の選手をよく分かっている平田をヘッドに、二

角会長や本庶先生、吉田さんの思いに応え、2008年以来 15年ぶりに監督に復帰した

軍監督に和田をという球団案をすんなり受け入れた。

誰とやるにしてもコーチ陣との関係や、二軍との連携なんてうまくいくのが当たり前なんやから。そんなんいちいち「連携が取れるか」なんて考える必要もない。

これもあとで人づてに聞いたことなんやけど、おれに監督をやらそうと角会長が決めた理由は、もう1つあったようやな。それが『オリの中の虎』なんや。

角会長がこの本を読んで、

「これはもう一度、岡田に阪神の監督をやってもらわんとダメだ」

と言ったらしい。

『オリの中の虎』は2009年11月に出版された。前回、阪神の監督を辞めて1年後。オリックス監督になる直前の思いを綴ったものや。

「愛するタイガースへ最後に吼える」というサブタイトルも素直なおれの気持ちよ。これがきっかけになって、2度目の阪神監督の要請があった。そして18年ぶりのリーグ優勝、38年ぶりの日本一に繋がっていった。

不思議な縁や、人間関係が重なって『オリの中の虎』が日本一への道になった。だから〝オリの中の虎〟が〝オリを破った虎〟になったということやろ。

2024年、選手へのメッセージ

2023年は、技術以外の理由で、佐藤をシーズン中にファームに行かせた。佐藤の課題は、全部技術以外のことよ。オフに母校の近大へ自主トレに行ったとき、監督が言うてたなあ。

「3年目で初めて集合の10分前に来た。成長した。岡田監督に二軍に落としてもらってありがたかった」

びっくりしたよ、時間守るのが成長って……。当たり前のことやろ。そらまあいろんなタイプの選手がいるということやね。

それで言うと近本は先頭に立って引っ張っていく、そういう姿勢が見えるタイプよなあ。面白いもんで最近は「岡田の法則」と同じこと言うとる。いろんな引き出しを持っておく。多ければ多いほどいい、その中から必要に応じて使ったり、またしまったりすればいい。野球のことを考えて頭を使うのが楽しいとか。いやそら近本は頭がええよ。

大山いうのはチームの柱としてどっしり構えて、頼りになる。そう見えるんよ。中野は遊撃から二塁にコンバートしたのが優勝したポイントと言われるけど、ほんまはちょっと違う。

WBCでキャンプにはほとんど来てないから、グラウンドからおれの目で練習を見て、コンバートを決めたんやない。おれが実際に決めたきっかけは中野じゃない。まずショートよ。ショートで木浪と小幡を競争させて、ああこれはこの2人でいけると判断したからよ。

だから中野を二塁に動かせる。遊撃の目途が立たんかったら、そら無理にでも中野を遊撃で使うしかなかった。外からでは分からんチーム事情というのはあるんよ。

打順やポジションをある程度固定できたことで、選手は落ち着いて野球ができたとは思うよ。球場に来てから試合に出るとか出ないとか、何番打つのか、どこ守るとか、ある程度のリズムができてないと選手も、どっしりと野球に向き合えんかったやろう。

森下はモチベーション次第よなあ。いい場面で回るんよ。そしたら打つ。あるいは上位の打順なら打つ。六番とか七番なら打たない。そういうところがある。どうモチベーションを上げさせるか、そのためには何番を打たせるか。まあ見といてもらうしかない。

今の若い選手は偉いよ。ハワイの優勝旅行でも本来はご褒美の場よなあ。でもそこで練習しとるからなあ。両親とか連れてきて、自分は朝の5時に走ったりしてるんよ。ハワイの公園でキャッチボールしたりなあ。85年の優勝旅行なんかみんなゴルフばかりで、野球の練習なんか誰もせんかった。今はおれが何も言わなくても自分たちで考えている。若い選手にもゴルフはどんどんやれとは、言うてるよ。

外国人選手も、かつてのように特別扱いもしないし、普通にやるだけ。ノイジーは給料下がってもやる言うんやから。今年は内野、三塁の練習をさせてもええかなあという考えもある。ミエちゃんはそのままチームに置いといて、マイナスになる選手やないし。今はそんな位置付けでええやん。

何を目指して指揮を執るのか

実は2023年も、夏前はほんまにしんどいときもあった。「優勝したら、もう監督辞めるつもりや」と、親しい人には漏らした。そうはならんかったんやけど、やっぱり猛暑の夏は体にもきつい。

そのときすでに65歳、孫のいる最年長監督やで。優勝して日本一になった。けど日本一は来年に取っといたらよかった、というのは個人的には半分本音よなあ。次は何のためにやる、何を目指してやるのかというのが必要やから。

名工は作品を完成させない、というのを聞いたことがある。寺や神社のような歴史的な建造物を手掛けた大工の匠は、どこかに未完の部分を残すと。完成させるとあとは朽ちるだけ。あえて建造中のままにしておくと。そんな心境かなあ。

1996年春のキャンプやったと思う。オリックス二軍の助監督として指導者のスタートを切った。宮古島にタイガースの大先輩・江夏豊さんが訪ねて来た。デイリースポーツの改発さんが同行してのキャンプ取材やったと思う。江夏さん、おれ、改発さんの3人で焼き肉を食べた。

近くには山田久志さんや福本豊さんら阪急時代からのOBもおられた。江夏さんと「おおっ」と挨拶されていたのを覚えている。江夏さんは酒を飲まない。わざわざおれの門出を祝ってもらったと感じた。

「お前さんにとって、岡田くんは一生涯掛けて付いていく相手なのか。そうであるならばおれも、岡田くんを最後まで支持していく」と江夏さんに言われたと、あとで改発さんに聞かされた。ありがたいことだ。最後まで阪神への思いを全うすることが江夏さんとの約束だと思っている。

江夏さんは多くの伝説的な記録を残した。「オールスター9者連続三振」もその1つだが、記録を残したきっかけは担当記者との会話だと聞いた。前半戦あまり調子のよくなかった江夏さんが、記者に聞いた。

「それでも球宴に投票してくれたファンの気持ちに応えたい。球宴で誰もやっていない記録は何だ」

「9者連続三振」

と聞いて「じゃあそれをやろう」ということになった。

誰もやっていない「連覇」

2023年、阪神タイガースは日本一になった。じゃあ次は何だ。誰もやっていない記録は。そうや、連覇はタイガースでは誰もやっていない。シーズン連覇。吉田監督の86年は3位、03年の星野監督は優勝を花道にユニホームを脱いだ。04年はおれが監督になって4位。05年の優勝翌年は2位で、連覇はしていない。

CSや日本シリーズは、シーズン優勝のご褒美だと思っている。目標はシーズン連覇、阪神では初めての連覇という結果を残したい。自分のやるべきことが見えて、2024年も指揮を執ることにした。

簡単ではない。実は06年も84勝している。十分に優勝へ届く数字だ。優勝した中日が87勝で、わずかな差でしかない。それでも優勝と2位。「よくやった」と2位の阪神には誰も言わなかった。

「2位じゃダメなんですか」と言いたいよ。でも「連覇できなかった」という評価しかない。同じ「連覇できなかった」でも86年は60勝の5割で3位。優勝翌年は何勝しようが、優勝以外は同じような評価しかされない。

もう1つ、現状では次の監督へのバトンタッチは見えていない。おれが決めることではないが、下地は作っておきたい。周りから聞こえる名前は藤川、鳥谷、赤星……というようなところかなあ。それぞれすぐにユニホームを着られない事情はある。

本来は誰にせよ、まずユニホームを着ること。コーチ経験が必要だと思っている。いきなりの一軍監督は、誰にしても難しい。周りが支えるといっても、すべて最終的に決めるのは監督である自分。一軍監督はそれを判断するだけの経験がいる。

理想は二軍の指導経験やけど、それは現役を退いてすぐでないと難しい。3人とももう間が開いてしまって、なかなかタイミングが合わない。今さらファームで指導者というのは無理よ。この3人の名前はそういう点で課題が残る。

みんなキャンプでは臨時コーチに来てもらった。コーチとしての指導経験という含みもある。本人、それに球団側がどう考えるかやろなあ。

もっと野球バカになれ

若い選手はよう練習するし、真面目よ。いろんな研究やデータいうんかなあ。科学的に野球を分析して、トレーニングや食べ物もいろいろ考えていると思うよ。

イチローが言ってたらしいなあ。今のメジャーは野球をやっていない。何キロ出たとか、何メートル飛んだとか、打球のスピード、角度、そんな数字ばかりを競い合っている。筋肉コンテストをやっているだけやって。

本当の野球をやっているのは日本の高校野球。だから高校野球を指導するんだとか。まあなあ、そういうことよなあ。日本のプロ野球も、間違ったことをしているわけではないけど、何かを忘れていないかということよ。

言葉で表現するなら、ときには「野球バカになれ」ということよ。理屈や科学とか数字とか、それればかり口にすると、言い訳しているだけに聞こえる。練習がしたくないだけ、さぼっているだけと思うよ、それは。

難しいこと言うよりは、単純な練習に打ち込む。それも必要よ。おれは早稲田の合宿でやった。やった者にしか分からんと言うたやろ。1000本ノックに何時間かかる？　1000スイングも同じ。どっちも3時間はかかる。それだけで1日が終わる。ふらふらになって、体で覚えるしかない。佐藤にほしいのは、そういう取り組み方。できるかできないかで、飛ばす能力を生かせるかどうかが決まるんよ。

出てくる選手はチャンスを逃さない

新戦力とか若手をとか言うけど、日本一になったメンバーにとって代われるか。誰か外す選手おるか。これは大変よ。2023年は投手で村上、大竹、桐敷とか新しい選手が出てきた。というてもこの選手はみんな、突然出てきたんではない。

開幕段階では7番目、8番目、9番目の先発におれは入れてたからなあ。先発は最低6人そろえる。そこから7、8、9番目くらいまでは用意しておく。調子が上がらんとか、故障とか絶対に出てくるからなあ。

２０２３年でいえば秋山、青柳、西勇とかよ。抑えでは湯浅かな。だから常に準備をする。備えがあるのは当たり前やからな。7、8、9番目に出番が回った。すると勝つから、またどんどん先発させるようになる。勝つから使う。普通のことよ。

捕手はもともと梅野と坂本、投手によって2人を使い分ける、そういう考えやった。だから梅野のケガはそら痛いけど、坂本が使える、すぐに代えられる状況やった。慌てることはない。何かを大きく変えることもない。２０２４年も2人でスタートすればええだけのことやん。

２０２４年の新戦力というなら、投手では門別かなあ。まだ高卒2年目の左投手やけど、そら井川慶の2年目より上よ。センスもあるしなあ。まあ見といて。野手では育成から上げた野口やな。これも楽しみなええ選手や。

出てくる選手はここというタイミングで結果を出す。毎年のように名前が挙がっても、結果が出ないままで何年か過ぎてしまうと、もうそのままで終わる。チャンスはそんな何回もない。ここというときに自分でつかめるかどうか、それで野球人生が決まる。

阪神はまだまだ強くなる

日本一になったけど選手は、最強のチームやとは誰も思っていない。おれも今が最強とは思わん。このチームはまだまだ強くなれる。伸びしろがある。

キャリアハイいうんか、自分の中で最高の個人数字を残したのは、野手では誰もおらんやろ。もっと数字は上げられる。だから、２０２４年は個人タイトルを狙えと言うとる。

チームとして何をするかは、みんな分かった。そうしてチームが勝って優勝すれば、ものすごく給料が上がることも知った。これに個人の数字をみんなが上積みすれば、もっと簡単に勝てるチームになるよ。

30歳くらいの選手が中心やからな。大学を出た選手が10年くらいプロでやれば、一番ええときと違うかなあ。以前よりは直接、選手と話すようにはしている。だけど基本的にもっと若いもんとは、会話しても伝わらんしなあ。

高校出てすぐの選手なんか、おれから見れば息子より孫に近い年なんやから……。突き詰めて話すというより、こんなこともあるよって、今まで気付いてなかったことを、ちょっと言うてやればええやん。

2024年は監督として、何もすることはないかもしれんなあ。それでええと思うよ。監督が何もしないで勝つチームが一番強い。

阪神はまだまだ強くなる。普通にやれば、球団で初めての結果が、見えてくる。2023年は背番号くらい、80勝はと心の中で目標の数字を持っていた。2024年は勝ち星の数はどうでもええ。

もう「アレ」とは言わん。リーグ優勝して、誰もできなかった「連覇」をする。

Joshin
Tigers
80

著者

岡田彰布（おかだ・あきのぶ）

1957年11月25日生まれ。大阪府出身。北陽高－早稲田大。ドラフト1位で80年に阪神入団。1年目からレギュラーに定着し新人王。85年には五番打者として日本一に貢献。ベストナイン、ダイヤモンドグラブ賞（現ゴールデン・グラブ賞）も受賞した。94年にオリックスに移籍し、95年に現役を引退。96年にオリックス二軍助監督兼コーチで指導者の道に入り、98年には二軍助監督兼コーチで阪神に復帰。99年から二軍監督などを務め、のちの主力を多く育てたのち、2003年に一軍コーチ、04年に監督に就任。05年にはチームをセ・リーグ優勝に導いた。08年限りで監督を退き、10年から12年はオリックスで監督を務めた。阪神監督として復帰した23年、チームに18年ぶり六度目のリーグ優勝、38年ぶり二度目の日本一をもたらした。

■ STAFF

編集協力／改発博明

表紙・本文写真／株式会社デイリースポーツ

カバー・本文デザイン／平田治久（NOVO）

DTP／所誠

普通にやるだけやんか

オリを破った虎

2024年3月26日　第1刷発行

著者	岡田彰布
発行人	土屋　徹
編集人	滝口勝弘
編集担当	神山光伸
発行所	株式会社Gakken
	〒141-8416　東京都品川区西五反田2-11-8
印刷所	中央精版印刷株式会社

■ この本に関する各種お問い合わせ先

本の内容については、下記サイトのお問い合わせフォームよりお願いします。

https://www.corp-gakken.co.jp/contact/

在庫については　Tel 03-6431-1250（販売部）

不良品（落丁、乱丁）については　Tel 0570-000577

学研業務センター　〒354-0045 埼玉県入間郡三芳町上富279-1

上記以外のお問い合わせは　Tel 0570-056-710（学研グループ総合案内）

学研グループの書籍・雑誌についての新刊情報・詳細情報は、下記をご覧ください。

学研出版サイト　https://hon.gakken.jp/